海外進出の実務シリーズ

# インドネシア
## の会計・税務・法務
### Q&A

EY新日本
有限責任監査法人【編】

第2版

税務経理協会

# 第2版刊行にあたって

　本書は，初めてインドネシアに赴任する方やインドネシアでビジネスに携わる方のために，日本企業が現地でビジネスを行うにあたり必要となる会計，税制，会社法などに関する基本をまとめた実務書です。

　インドネシアはASEAN諸国の中で最大の人口と面積を持ち，ASEAN諸国のリーダー格の大国です。日系企業は，自動二輪を含めた自動車産業を中心として既に多くのメーカーがインドネシアに進出しており，最近では，人口ボーナスと所得拡大が期待できるインドネシアを起点に東南アジアでの成長を目指す銀行，保険会社やノンバンク，消費財産業，サービス業などの企業による積極的な直接投資がなされています。

　一方，インドネシアには特有の外資規制や法制度があり，進出時はもとより進出後も現地で会社運営を行う際に，常に十分な情報収集と確認を心掛ける必要があります。また，事業活動の方針は，電力，港湾，道路，ITそして労務問題などに関して，日本と異なるビジネス環境を十分理解した上で策定しなければなりません。これらの課題を解決するに必要な情報やノウハウを，これまで事業会社の方々から頂いた問い合わせを参考にして，会計・税務・法務等の観点からQ&Aの形式にまとめました。今回の第2版では，近年の税務調査ではトピックとなることの多い移転価格税制を別章立てとしています。また新法令等を織り込んだ最新情報を記載しています。本書がインドネシアの諸制度を理解する一助となり，インドネシアでの事業に関わる方々のお役に立てば幸いです。

　最後に本書の刊行にあたり，税務経理協会の大坪克行氏，吉冨智子氏，大川晋一郎氏のほか，関係者の皆さまに多大なご尽力をいただきました。この場をお借りして厚く御礼申し上げます。

2021年12月

　　　　　　　　　　　　　　　　　　　　　　EY新日本有限責任監査法人
　　　　　　　　　　　　　　　　　　　　　　　　　　　　執筆者一同

# 目　　次

第2版刊行にあたって

## 第1章　基礎データ・総論　　1

（コラム）ボゴールにて …………………………………………… 11

## 第2章　進出のためのQ&A　　13

Q 1　進　出　形　態 ……………………………………………… 14
Q 2　禁止業種・規制業種，その他の外資規制 ………………… 15
Q 3　優　遇　措　置 ……………………………………………… 17
Q 4　投資承認機関 ………………………………………………… 19
Q 5　会社の設立手続 ……………………………………………… 20
Q 6　会社設立までのスケジュール ……………………………… 22
（コラム）ジャカルタからの避暑地 ……………………………… 23
Q 7　会社設立にかかる費用 ……………………………………… 23
Q 8　銀行口座の開設 ……………………………………………… 24
Q 9　インフラ整備の現状について ……………………………… 24
Q10　ジョイントベンチャー ……………………………………… 25
Q11　撤　退　手　続 ……………………………………………… 26
Q12　不動産に係る法制度概要 …………………………………… 27
Q13　土地に関する権利概要 ……………………………………… 28

| | | |
|---|---|---|
| Q 14 | 登記制度の概要 | 31 |
| Q 15 | 輸出入規制 | 32 |
| Q 16 | 外為規制 | 40 |
| Q 17 | 工場建設 | 43 |
| Q 18 | 雇用創出オムニバス法 | 45 |
| （コラム）インドネシア語の先生 | | 46 |

## 第3章　会社法務に関するQ&A　　47

| | | |
|---|---|---|
| Q 19 | 会社法の概要および機関の体系 | 48 |
| Q 20 | 会社形態 | 49 |
| Q 21 | 株式 | 50 |
| Q 22 | 株主の権利 | 51 |
| Q 23 | 株式の譲渡 | 52 |
| Q 24 | 株主総会 | 53 |
| Q 25 | 取締役会 | 55 |
| Q 26 | コミサリス会と会計監査人 | 55 |
| （コラム）渋滞での過ごし方 | | 56 |
| Q 27 | 定款記載事項 | 57 |
| Q 28 | 決算書の提出 | 58 |
| Q 29 | 取締役の資格および義務 | 59 |
| Q 30 | 配当金の支払い | 60 |
| Q 31 | 増資 | 60 |
| Q 32 | 減資 | 61 |
| Q 33 | 組織再編 | 62 |
| Q 34 | 会社の清算 | 62 |

## 第4章　法人所得税に関するQ&A　　　　　　　　67

- Q 35　インドネシアの税体系 ……………………………………… 68
- Q 36　インドネシアの所得税率（法人所得税率）………………… 69
- Q 37　所得税法の体系 ……………………………………………… 70
- Q 38　インドネシアの納税方式 …………………………………… 70
- Q 39　法人所得税の申告および納税について …………………… 71
- Q 40　納税義務者 …………………………………………………… 73
- Q 41　課税対象となる所得 ………………………………………… 74
- Q 42　課税所得の算定 ……………………………………………… 76
- Q 43　損金不算入項目および益金不算入項目 …………………… 77
- Q 44　月次の予納制度と予納額の計算方法について …………… 78
- Q 45　有形固定資産の減価償却について ………………………… 79
- Q 46　無形固定資産の減価償却について ………………………… 81
- Q 47　引当金の取扱いについて …………………………………… 82
- Q 48　貸倒損失について …………………………………………… 83
- Q 49　創立費・開業準備費・新株発行費 ………………………… 84
- Q 50　リ　　ー　　ス ……………………………………………… 85
- （コラム）リース ……………………………………………………… 86
- Q 51　欠損金の繰越し・繰戻し …………………………………… 86
- Q 52　交際費および寄附金 ………………………………………… 87
- Q 53　厚　生　費 …………………………………………………… 87
- （コラム）車両関連費用 ……………………………………………… 88
- Q 54　配当に関する税務 …………………………………………… 88
- Q 55　源泉徴収制度について ……………………………………… 89
- （コラム）源泉徴収および予納と還付ポジションについて ……… 92
- Q 56　最終分離課税（ファイナルタックス）について ………… 93

| Q 57 | 優遇税制 | 94 |
|---|---|---|
| Q 58 | 無形固定資産等に対する支出 | 96 |
| Q 59 | 連結納税制度 | 97 |
| Q 60 | 過少資本税制 | 98 |

（コラム）インドネシアにおけるデットエクイティスワップ
　　　　　（Debt Equity Swap：DES） 99

| Q 61 | タックスヘイブン対策税制 | 99 |
|---|---|---|
| Q 62 | 組織再編税制 | 101 |

（コラム）タックスアムネスティ 102

## 第5章　移転価格税制に関するQ&A　　103

| Q 63 | 移転価格税制 | 104 |
|---|---|---|
| Q 64 | 関連者と対象取引 | 105 |
| Q 65 | 移転価格文書化 | 107 |
| Q 66 | 移転価格調査 | 109 |
| Q 67 | 相互協議 | 111 |
| Q 68 | 事前確認制度 | 113 |

## 第6章　個人所得税に関するQ&A　　115

| Q 69 | 居住者・非居住者 | 116 |
|---|---|---|
| Q 70 | 非居住者に対する免税措置 | 117 |
| Q 71 | 個人所得税率 | 118 |
| Q 72 | 所得税額の算定方法 | 119 |
| Q 73 | 個人所得税の申告納税スケジュール | 120 |

| | | |
|---|---|---|
| Q 74 | 納税者登録 | 121 |
| Q 75 | 出向者の給与 | 121 |
| （コラム）非居住取締役・コミサリスが無給の場合 | | 122 |
| Q 76 | 現 物 給 与 | 123 |
| Q 77 | 住宅費関係の現物給与 | 123 |
| Q 78 | 乗用車関係の現物給与 | 124 |
| Q 79 | 外国人の給与 | 124 |
| Q 80 | 所得控除項目 | 126 |
| Q 81 | 退 職 金 | 127 |
| Q 82 | 個人所得税の申告手続および申告内容に対する罰金 | 128 |
| Q 83 | 帰国時の手続 | 128 |

## 第7章　その他の税制に関するQ&A　　131

| | | |
|---|---|---|
| Q 84 | 付加価値税の概要 | 132 |
| Q 85 | 付加価値税の課税対象 | 133 |
| Q 86 | 付加価値税の申告と納税 | 136 |
| Q 87 | 付加価値税インボイスの整備 | 137 |
| Q 88 | 関　　　税 | 138 |
| Q 89 | 奢侈品販売税 | 139 |
| Q 90 | 印　紙　税 | 142 |
| Q 91 | 土地・建物税 | 143 |
| Q 92 | 不動産取得税 | 144 |
| Q 93 | 地　方　税 | 145 |
| Q 94 | 罰　　　則 | 146 |
| Q 95 | 修 正 申 告 | 147 |
| Q 96 | 税務調査の概要 | 147 |

（コラム）税務調査における取締役の召喚 ································· 148
Q 97　事前確認制度 ································································· 149
Q 98　異議申立てと税務裁判 ···················································· 149
（コラム）税務裁判の長期化 ······················································ 152
Q 99　オムニバス法 ································································· 153
Q 100　日イ租税条約 ································································· 155
Q 101　租税条約適用方法 ···························································· 158

## 第8章　会計に関するQ&A　　　　　　　　　　　　159

Q 102　インドネシア会計制度 ······················································ 160
Q 103　インドネシアの公認会計士制度 ········································· 160
Q 104　インドネシアの会計基準 ·················································· 161
（コラム）ジャカルタの休日 ······················································ 164
Q 105　決　算　期 ····································································· 165
Q 106　インドネシア会計基準と国際財務報告基準の差異 ················ 165
Q 107　機　能　通　貨 ······························································· 166
Q 108　帳簿保存期間 ································································· 167
Q 109　開　示　制　度 ······························································· 167
Q 110　監　査　制　度 ······························································· 168
（コラム）ジャカルタの公共交通機関 ·········································· 169

## 第9章　労務その他Q&A　　　　　　　　　　　　　171

Q 111　労　働　環　境 ······························································· 172
Q 112　労働組合と労働争議 ························································ 172

| Q 113　労　働　法 …………………………………………… 174 |
| （コラム）インドネシアにおける不正 ………………………… 175 |
| Q 114　社会保障制度 ……………………………………………… 176 |
| Q 115　出向者の日本における社会保険等 …………………… 177 |
| Q 116　雇　　　用 ………………………………………………… 177 |
| （コラム）インドネシアにおける不正事例 …………………… 179 |
| Q 117　労働許可証等 ……………………………………………… 179 |
| Q 118　労 働 時 間 ………………………………………………… 182 |
| Q 119　賃　　　金 ………………………………………………… 183 |
| Q 120　ストライキ ………………………………………………… 185 |
| （コラム）デモとストライキ …………………………………… 186 |
| （コラム）インドネシアの祝祭日 ……………………………… 187 |
| （コラム）お手伝いさん ………………………………………… 188 |

## 第10章　インフラに関するQ&A　　　　　　　　189

| Q 121　投資環境としてのインフラ整備状況 ………………… 190 |
| Q 122　国家開発計画 ……………………………………………… 192 |
| Q 123　エネルギー開発・電力事情 …………………………… 196 |
| Q 124　PPPを活用したインフラ整備 ………………………… 197 |
| （コラム）メイドさんの今 ……………………………………… 199 |
| Q 125　工業団地／経済特区 ……………………………………… 200 |
| （コラム）ジャカルタの交通渋滞 ……………………………… 205 |

索　引 ……………………………………………………………… 207

# 第1章

# 基礎データ・総論

---

● Point ●

　本章では，インドネシアの基礎データ等について記載しています。
　インドネシアの政治，経済，産業等を理解することは，インドネシア進出をする上での基礎的知識として重要です。

## 概要

| 正式国名 | インドネシア共和国 |
|---|---|
| 面積 | 約189万平方キロメートル（日本の約5倍） |
| 人口＊1 | 2.70億人（世界4位） |
| 首都＊1 | ジャカルタ（人口1,056万人） |
| 民族 | 主にマレー系（ジャワ，スンダ等約300種族） |
| 言語 | インドネシア語 |
| 宗教＊2 | イスラム教87.2％，キリスト教（プロテスタント6.9％，カトリック2.9％，ヒンズー教1.6％，仏教0.7％，儒教0.05％，その他0.5％） |
| 教育 | 6・3・3・4制（中学校まで義務教育だが，中学校の100％就学には至っていない） |

＊1　（出典）　2020年インドネシア政府統計
＊2　（出典）　2016年，宗教省統計

　インドネシアは，1万8千もの島々からなる世界最大の島嶼国家で，国土は東西に約5,100キロメートル余りと米国の東西海岸の間に匹敵する距離があり，南北は赤道をはさんで約1,900キロメートルと広域にわたっています。その中で，人の居住する島は6,000前後であり国土総面積の38％（70万平方キロメートル，日本の1.8倍）にあたります。

現在の宗教はイスラム教が最多数ですが，歴史を紐解くとイスラム教以外が優勢であった時期がありました。まず7世紀後半にスマトラに仏教国スリウィジャヤ王国，次いで中部ジャワに同じく仏教国のシャイレンドラ王朝が誕生しました。世界遺産にも登録されている有名なボロブドゥール遺跡に仏教国であった名残を見ることができます。

　イスラム教が伝わったのは13世紀に入ってからで，北スマトラに最初のイスラム小国が現れたのを皮切りにジャワにマジャパイト王国が勃興，ジャワ以外にもイスラム教の勢力を伸ばしました。

　近世では西欧の植民地政策の侵食を受けることになります。1596年にオランダの商船隊の渡来があり1799年にその直接統治下に収められました。

　1942年からは日本の占領を受けましたが，1945年8月にスカルノおよびハッタによりインドネシア独立宣言が発せられ，初代大統領としてスカルノが選出されました。オランダとの独立戦争を経て1949年のハーグ協定によりインドネシアの独立が認められました。

## 政治体制

| 体　　　　制 | 大統領を国家元首とする共和制<br>大統領は国家元首であるとともに行政府の長 |
|---|---|
| 国　家　元　首 | ジョコ・ウィドド大統領（2014年10月20日就任，2019年10月20日再任，任期5年　ただし，憲法規定で2期まで） |
| 政　権　与　党 | 闘争民主党 |
| 国　　　　会 | 国会（DPR）：定数575名（任期5年），立法，国家予算，政府監視の機能を持つ<br>地方代表議会（DPD）：定数136名（任期5年），地方自治の法案審議<br>国民協議会（MPR）：上記2院の議員からなり，憲法制定権と大統領罷免決議権を有する |
| 内　　　　閣 | 内閣は大統領の補佐機関であり，大統領が国務大臣の任免権を有する |

　現行憲法は2002年の第4次憲法改正によって成立しました。憲法には，大統領の直接選挙や地方代表議会の設置，地方分権などの統治機構の改革が盛り込まれました。地方自治体は33の州から構成されています。

　ジョコ・ウィドド現大統領は，2019年10月に物流安定や就学支援の拡充などを訴えて低所得者層を中心に支持を固めて再選されました。今回の選挙では保守層への浸透を図るため，副大統領候補にインドネシア最大のイスラム団体の指導者マアルフ・アミン氏を選びました。

　インドネシアの議会選挙は，1999年総選挙以降，比例代表制が採用され，その結果多党化が続いています。また，比例代表制の中でも完全拘束名簿式から，条件付非拘束名簿式，完全な非拘束名簿式へと移行しており，政党より候補者個人の人気に選挙結果が左右される傾向が強まっています。これらの影響も

あってか議会第一党であっても総議席数の25％未満しか獲得できず，議会運営が不安定化しやすい傾向にあります。

　第2期政権においては，優先課題として(1)科学技術に精通した人材の育成(2)インフラ開発を進めて生産・流通網を改善し，観光の振興や中小企業の育成につなげる(3)公務員の削減と専門職化により行政手続の簡素化(4)経済改革を進めて，産業競争力を強めて資源依存経済を脱却し，デジタル等の新サービスを育成するの4つを挙げています。

### 経済関係　各種指標

| | |
|---|---|
| GDP（名目　2019年度）*1 | 11,192億米ドル |
| 1人当たりGDP（名目　2019年度）*1 | 4,136米ドル |
| 人口 | 270百万人 |
| 都市化率 | 56.0% |
| 経済成長率（2019年度）*1 | 5.0% |
| 物価上昇率（2019年度）*1 | 3.0% |
| 失業率（ILOモデル）（2019年度）*1 | 4.7% |
| 貿易額（2019年）*2 | 輸出：1,675.3億米ドル（2018年度比，7.0%減少）<br>輸入：1,707.2億米ドル（2018年度比，9.5%減少） |
| 経常収支（2019年） | 303億米ドル*1 |
| 金を除く外貨準備高 | 1,253億ドル*1 |

第1章　基礎データ・総論

| | |
|---|---|
| 外貨準備高が輸入の何ヶ月分か | 6.3ヶ月（日本16ヶ月）＊1 |
| 主要貿易品目<br>（2019年）＊2 | 輸出：鉱物性燃料（20.8％），動物・植物油（10.5％），電気機器部品（5.0％）<br>輸入：鉱物性燃料（13.8％），一般機械機器（15.7％），機械・電気部品（11.5％） |
| 貿易相手国<br>（2019年）＊2 | 輸出：中国（16.7％），米国（10.6％），日本（9.5％）<br>輸入：中国（26.3％），シンガポール（12.0％），日本（9.2％） |
| 通貨 | インドネシアルピア |
| 為替レート | 1ルピア＝0.0086円（2021年1月26日現在） |
| 外国からの投資実績<br>（2019年）＊2 | 282億ドル |

＊1　（出典）　世界銀行
＊2　（出典）　JETRO世界貿易投資動向シリーズ

【GDP推移】

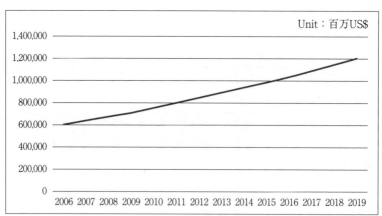

Data Source／世界銀行
World Development Indicator
GDP Constant 2010 US$

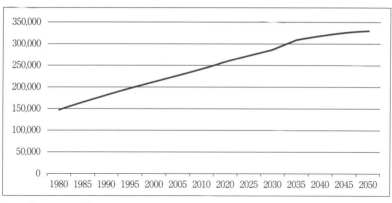

Data Source / 国連
World Population Prospects
2020年までの数値とそれ以降の数値を筆者が一つに

　インドネシア経済は，1998年の通貨危機，2008年の世界金融危機で一時的に鈍化しました。その後，製造業の成長と内需拡大に伴うサービス業の拡大をけん引役に高い成長率が続いていましたが，ジョコ政権誕生後，従来，平均して6％台後半を維持してきた経済成長率が5％程度に減速しています。

　インドネシアでは指導者の交代が経済に与える影響が大きいと言われています。ジョコ大統領は2019年10月に再任されましたが，憲法改定で2期までとなっているため，今回が最後の任期になります。そのため，今後，後継者が誰になるか注視する必要があります。

　貿易相手国としてはLNGなどの輸出先である日本の比率が高く，輸入に関しては機械・部品，電気機器などで中国の影響力が強くなっています。

## 主要産業

| 製造業（19.9%） | 輸送機器（二輪車など），飲食品など |
|---|---|
| 農林水産業（12.8%） | パーム油，ゴム，米，ココア，キャッサバ，コーヒー豆など |
| サービス業（15.8%） | 商業・ホテル・飲食業 |
| 鉱業（8.1%） | LNG，石炭，ニッケル，錫，石油など |

＊カッコ内は2018年における名目GDP構成比，（出典）外務省

インドネシアのGDP構成は，輸出の割合が低く，個人消費の割合が高いという特徴があります。そのため，製造業のほか内需を期待して参入してくる外国企業も多く，特にインフラ不足の中で電気・ガス・水道・運輸・通信等のインフラ部門の伸びが顕著です。

## 日本との関係

| 主要援助国＊1（2017年） | 日本25.5%，米国20.3%，フランス17.0%，ドイツ16.3%，豪州10.2% |
|---|---|
| 対日貿易（2019年度）＊1 | 輸出：19,779億円<br>輸入：15,243億円 |
| 主要品目（2019年度）＊2 | 輸出：鉱物性燃料（28.5%），電気機器（9.3%），ゴム及びゴム製品（5.2%）<br>輸入：一般機械（27.4%），輸送用機器（17.5%），鉄鋼（11.3%） |
| 日本からの直接投資＊1 | 43.1億米ドル（2019年実行ベース） |
| 在留邦人数＊1 | 19,612人（2019年現在） |
| 在日インドネシア人数＊1 | 61,051人（2019年6月現在） |

＊1 （出典）外務省
＊2 （出典）JETRO

【インドネシア生産年齢人口の推移と総人口に
占める生産年齢人口の比率の推移】

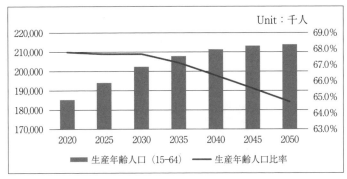

Data Source
World Population Prospects - Population Division - United Nations
Sub Group Age Composition

【GDP成長率と失業率】

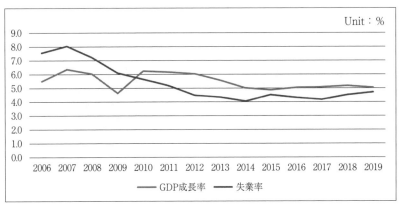

Data Source / World Bank
World Development Indicator

【人口ピラミッド】

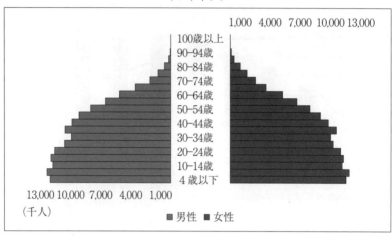

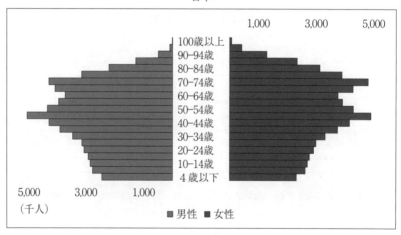

（国際連合のデータより作成）

インドネシアでは人口1,000人当たりの出生率が従来2.0を超えていましたが，2013年以降低下を始め，2018年で1.8人となっています。2020年に2億7,000万人である人口が2031年には3億人を超えると見込まれます。生産年齢人口の比率は2020年に67.8％だったものが2030年には67.7％になると予想され，その後徐々に低下していきます。

---

**コラム**

### ボゴールにて

　1990年に合弁会社を設立したばかりの頃，メンバーは日本人2名とインドネシア人3名の5名だけでした。一人の日本人は50歳で海外はまったく初めてでした。メンバーに誘われて，全員でハイキングに行くことになりました。場所は市内から車で50分ほどのボゴール近郊。山の中に少し入ったところで車を止め，あとは徒歩です。ジャカルタの近くにもこれほど静かで空気のきれいな場所があるのかと驚きながら歩きました。しばらく行くと，とある農家に立ち寄り，何故かインドネシア人が持参した米や食材を渡していました。更に，2時間ほど歩いたところにあった滝で休憩し，泳いだりして，楽しい時を過ごすことができました。滝の水は少し鉄分を含んだ透明な水で，ジャカルタのよどんだ川とは対照的でした。帰りに農家に寄り，渡しておいた食材で作ってくれた料理を食べ帰路につきました。

　初めて赴任した国で，インドネシア人のやさしさと美しい自然に触れたひと時でした。

# 第2章

# 進出のためのQ&A

---

● Point ●

　インドネシア進出の際には，進出形態を決定の上，インドネシア共和国投資省（Kementerian Investasi/BKPM）に申請を行う必要があります。

　進出のためには，会社設立手続，各種規制や優遇措置の適用条件等の理解が重要です。

## Q1 進出形態

インドネシアへの進出を考えていますが、どのような進出形態があるのでしょうか。

### Answer

外国企業がインドネシアに進出する場合の進出形態として、駐在員事務所の設立と現地法人の設立による方法があります。

外国企業がインドネシアに進出する場合は、以下の形態があります。
・現地法人の設立
・駐在員事務所の設立
新しい支店設立は、外国企業には現在、認められていません。

### 1 現地法人の設立

外国企業が現地法人を設立する形態で事業進出する場合、現地法人は株式会社の形態をとる必要があります。外国企業によって設立された株式会社は外国投資企業と呼ばれます。

多くの企業が非公開株式会社の形態を選択することとなります。非公開会社は、最低株主数2人であり、銀行業、保険業などを除き株式会社の最低授権資本金は会社法上5千万ルピアとなりますが、外国企業の最低投資額、最低資本金は別途定められています（Q2参照）。

なお、公開会社においては、最低株主数300人、最低授権資本金は30億ルピアが要求されます。株主保護の必要性から、会社法以外にも金融サービス庁（OJK）の規制を受けることとなります。

## 2 駐在員事務所

外国企業が事業を開始するにあたっては，駐在員事務所を設けることも考えられます。進出初期段階において市場調査等を行う場合には，駐在員事務所という形態を選択する企業が多くあります。

駐在員事務所はインドネシアの法律上，法人格はありません。駐在員事務所は原則，申請すれば誰でも開設が可能であり，(1)外国商事駐在員事務所，(2)外国駐在員事務所，(3)建設駐在員事務所の3種類に分類されます。

### (1) 外国商事駐在員事務所

製品のプロモーション，製品販売，製品調達のための市場調査，提携先企業への情報提供のために設立されます。営業活動，輸出入業務を行うことはできません。

### (2) 外国駐在員事務所

インドネシア国内にある支社，子会社，関連会社の監督，情報交換などのために設立されます。営業活動が行えず，支社，子会社，関連会社の業務に関与できません。

### (3) 建設駐在員事務所

建設会社がインドネシアで建設サービス活動を行うために設立されます。

## Q2 禁止業種・規制業種，その他の外資規制

インドネシアに進出することを検討していますが，禁止業種・規制業種について教えてください，また外資に対するその他の規制についても合わせて教えてください。

### Answer

インドネシアへの進出にあたり，参入が禁止または規制されている業種があるほか，外資については最低投資額や最低資本金の規制，土地所有権を取得で

きないなどの規制が設けられています。

## 1　外資に対する禁止業種
　武器，弾薬，爆発物，戦争用機材の生産等，軍事関連への外資の参入は禁止されています。

## 2　内資・外資にかかわらず禁止または規制されている業種
　2007年の新投資法および大統領規定2021年第10号により，内資・外資にかかわらず禁止または規制されている業種が規定され「ネガティブリスト」として公表されています。インドネシアへの投資を検討するにあたっては，参入しようとする業種が規制対象となっていないか，該当する場合にはどのような規制の対象となるかを確認する必要があります。

### (1)　禁止されている分野
　ネガティブリストに基づき，大麻の栽培，ワシントン条約に記載された魚類の捕獲，珊瑚の採取，環境を破壊しうる化学物質産業，あらゆる形態のギャンブル・カジノ活動等が禁止されています。

### (2)　規制されている分野
　ネガティブリストに基づき，対象業種において以下の規制が設けられています。

　　・中小・零細企業，協同組合のために留保される分野
　　・パートナーシップが条件
　　・外資比率の制限
　　・地域の限定
　　・特別許可が必要
　　・内資100％に限定
　　・外資比率と地域が限定
　　・特別許可が必要であり外資比率が制限
　　・内資100％に限定され，特別許可が必要

・アセアン諸国の投資家対象の外資比率と地域が限定

## 3　最低投資額と最低資本金

外資がインドネシアに進出し，新たに現地法人を設立する場合には，以下の条件を満たす必要があります。

・最低投資額　100億ルピアあるいは米ドル相当額以上
　　　　　　　（注）土地建物を除く投資額の合計額
・最低資本金　25億ルピアあるいは米ドル相当額以上
　　　　　　　（注）引受資本金と払込資本金は同額

## 4　土地の所有

インドネシアでは，土地所有権はインドネシア国民（個人）にのみ認められています。法人（外国・国内共に）は所有権に代わる権利を取得し，工場や建物等を建設して操業することになります。主な土地の権利は，所有権（HM），事業権（HGU），建設権（HGB），利用権（HP）などですが，一般的に工場等を建設するには建設権が必要になります。

## Q3　優遇措置

海外に進出する時には，様々な投資優遇措置を受けられると聞いていますが，インドネシアではどのような優遇措置があるのでしょうか。

### Answer

インドネシアでは，海外からの投資を誘致するために，一定の条件を満たす投資について輸入関税の免除，付加価値税の免除，特定業種や投資に対する所得税・法人税の免除など様々な税務上の優遇措置が設けられています。

インドネシア政府は海外からの投資を積極的に誘致するため様々な優遇措置を導入していますが，一般的なものは以下のとおりです。優遇措置の詳細についてはＱ57及びＱ125もご参照ください。

## 1　輸入関税の免税

製造業と特定のサービス業における，新規投資および既存生産能力を30％以上拡大する投資に対して，一定の条件により，次の優遇が供与されます。

・機械と原材料の輸入関税を２年間免税
・企業が使用する機械総額の30％以上の国産機械を使用した場合には，輸入原材料の輸入関税を４年間免除

## 2　付加価値税の免除

製品を生産するために直接必要となる機械・設備の資本財（スペアパーツは除く）に対する付加価値税が免除されます。その他，産業ごとに優遇措置を受ける条件が規定されています。

## 3　特定業種・特定地域への投資に対する所得税軽減

特定の事業分野，特定の地域に対する投資については以下の優遇が供与されます。

(1)　投資額の30％を毎年５％ずつ６年間，課税所得から控除
(2)　固定資産の減価償却年数を通常の２分の１に短縮（減価償却の加速）
(3)　外国への配当にかかる源泉税率を10％に引下げ（ただし，租税条約が定める税率がこれより低い場合はその税率を適用）
(4)　通常は５年間である欠損金の繰延期間を，一定の条件により10年間まで延長

上記優遇措置が適用される対象業種・対象地域は多岐にわたることから，詳細については所轄官庁に確認することをお勧めします。

## 4　特定の投資に対する法人税免除

　以下のパイオニア産業に投資を行う企業に対して，投資額に応じて商業生産開始から5年から20年の間，法人税を50％または100％減額するものです。また，免除期間経過後，さらに2年間25％または50％の減額が与えられる場合もあります。

- a）投資額1,000億ルピア以上5,000億ルピア未満：商業生産開始から5年間50％減額
- b）同5,000億ルピア以上1兆ルピア未満：同5年間100％減額
- c）同1兆ルピア以上5兆ルピア未満：同7年間100％減額
- d）同5兆ルピア以上15兆ルピア未満：同10年間100％減額
- e）同15兆ルピア以上30兆ルピア未満：同15年間100％減額
- f）同30兆ルピア以上：同20年間100％減額

・対象となるパイオニア産業

　四輪車部品，スマートフォン部品，コンピュータ部品，船舶部品，航空機部品，鉄道部品，医薬品原料，上流金属産業，石油化学，基礎科学等の18分野

## 5　その他の優遇措置

　保税区，自由貿易地域（FTZ）および自由港に指定された地域，経済統合開発地域（KAPET）に指定された地域では特定の優遇措置が定められています。

## Q4　投資承認機関

　インドネシアへの投資を検討していますが，投資申請を受理し，許認可を行う政府機関はどこになるのでしょうか。

**Answer**

　インドネシアでは，投資省が外国資本の投資を管轄しています。投資省では，

外国資本の進出にかかわる様々な手続に関するワンストップサービスを提供しています。

インドネシアで外資誘致を担当する政府機関は投資省(Kementerian Investasi/BKPM)です。同省は1973年に大統領直轄機関である投資調整庁（BKPM）として設立され，2021年4月に投資省に格上げされました。石油，ガス，金融を除いた分野での投資案件の許認可権限を持っています。また，外資に便宜を図るため，外資進出にかかわる様々な手続を担当する政府機関の職員を事務所内に配置し，外資系企業の設立手続の窓口業務を設けてワンストップサービスを提供しています。日本（東京都千代田区）にも事務所を置いています。

## Q5　会社の設立手続

インドネシアに会社を設立したいのですが，手続の概要を教えてください。

### Answer

インドネシアにおいて会社を設立する場合は，法務人権省に対して，オンラインで設立登記申請を行う必要があります。

具体的な手続は以下のとおりです。

### 1　設立手続の前に決定しておくべき事項
(1) 会社の名称と住所
(2) 設立目的および事業内容
(3) 発起人（最低2名必要）
(4) 株主構成
(5) 授権資本金，引受資本金および払込資本金

(6)　取締役およびコミサリス

　(7)　取引銀行

（注）(7)以外は定款に記載される項目です。

## 2　会社設立に必要な手続と書類

### (1)　定款の作成

　会社運営に必要な基本的な内容を記載した定款を作成します。記載する内容には，会社法で要請される項目が含まれます。

### (2)　設立証書の作成

　設立証書は，主に定款の内容によって構成されていますが，公証人がインドネシア語で作成し，全ての発起人が公証人の面前で署名することにより正式な証書としての効力を生じます。

### (3)　会社の所在地証明書の取得

　設立認可申請のための提出書類の1つとして，会社の所在地の地方自治体から証明書を取得する必要があります。

### (4)　納税者番号（NPWP）の取得

　納税者番号（NPWP）は，1社または1個人に与えられる税務用の番号で設立認可申請の提出書類の1つです。管轄の税務署に申請し取得します。

### (5)　銀行口座の開設・資本金の払込

　設立認可申請前に，銀行口座を開設し，資本金の一部を払い込む必要があります。最低資本金額である25億ルピアまたは米ドル相当額を払い込みます。払込時に，口座残高証明を取得しておくことが必要です。

### (6)　会社設立登記

　公証人が法務人権省のオンライン・システムを通じて会社設立登記を行います。

### (7)　事業基本番号（NIB）の取得

　オンライン・シングル・サブミッション（OSS）に登録してアクセス権を取得後，必要な会社情報および事業の許可申請フォームに投資計画などの情報を入力後，オンラインにて申請すると，OSSからNIBが発行されます。

(8) 事業基本番号（NIB）以外の許可の取得

　NIBの取得後，事業を開始するためには事業の内容に応じて以下の許可を取得する必要があります。

　① 立地許可
　② 外国人雇用の許可
　③ 環境許可
　④ 建設許可

　会社設立の手続にあたっては，会計事務所，弁護士事務所，コンサルティング会社等に相談することをお勧めします。

## Q6　会社設立までのスケジュール

　会社の設立手続には，通常どのぐらい日数がかかるのでしょうか。

**Answer**

　インドネシアでの会社設立の手続に要する期間について，確実な期間を明言することは難しいですが，一般的には，1ヶ月から2ヶ月程度の期間を要します。

　インドネシアでの会社設立時における許認可の手続については，従来は紙ベースによる申請でしたが，2018年6月よりオンライン・シングル・サブミッション（OSS）でのオンライン申請に切り替わっています。そのため，従来と比べてかなり簡潔で所要期間も短くなったと言われていますが，業種や投資案件によって設立スケジュールはケースバイケースといえます。

## コラム

### ジャカルタからの避暑地

　ジャカルタは一年中夏ですので,避暑も一年中行うことができます。ボゴールとバンドンは今でもジャカルタっ子の一番の避暑地で,週末になると渋滞しています。

　バンドンの南の山中にあるインドネシア最古のマラバール茶園に宿泊した際にはジャカルタとはまったく異なるすがすがしい空気と,遠くまで一面緑に囲まれた景色に癒されました。しかし,足元に目を転じると,木々の根本にはポイ捨てのごみが散らかっており,せっかくの観光資源の使い方にとても残念な気がしました。帰路は有名な山岳風景を楽しむためバンドンからジャカルタまで特急列車で帰ることにしたのですが,列車の出発が遅れ,目当ての高架鉄橋を通過する頃にはあたりは真っ暗。私のわがままを通して鉄道につき合わせた家族からは散々文句を言われたものです。寒すぎる列車の冷房に妻が風邪を引くというおまけまでついてしまいました。

## Q7　会社設立にかかる費用

　インドネシアで会社を設立することを考えていますが,どのような費用がかかるのでしょうか。

### Answer

新会社設立に際しては,一般的に以下の費用がかかります。
- 定款の作成費用
- 設立証書の作成費用（公証人へ支払う費用）
- 株券の印刷費用
- 会社設立を代行する会計事務所,弁護士事務所,コンサルティング会社等への手数料

・その他雑費

## Q8 銀行口座の開設

　会社設立手続の1つとして銀行口座の開設がありますが，どのような書類を準備すればよいのでしょうか。

**Answer**

　銀行口座の開設にあたっては，一般的には納税者番号（NPWP）や設立証書の写しなどの書類が必要となります。各銀行により開設に必要な書類が異なりますので，取引先銀行に確認することが必要です。

　開設手続および必要書類は各銀行により異なりますが，通常，以下の書類が必要になります。
・設立証書の写し
・会社の所在地証明書の写し
・納税者番号（NPWP）の写し
・設立時の代表者の身分証明書またはパスポートの写し

## Q9 インフラ整備の現状について

　インフラ整備の遅れが言われて久しいですが現状がどのようになっているか教えてください。

**Answer**

　インドネシアでは，上下水道，道路，電力，港湾，通信等のインフラの整備

が経済成長に追い付いていないのが現状です。インドネシア政府は諸外国からの援助や民間資本により、インフラ整備に積極的に取り組もうとしています。

　2000年代以降の急速な経済成長に伴う二輪車および自動車の普及や大都市周辺への産業の集積により、特にジャカルタ周辺では交通渋滞が大きな問題となっています。上下水道、道路、電力、港湾、通信等のインフラは経済規模に比べて貧弱であり、慢性的に物流の停滞やエネルギーの不足が発生しています。このため、インドネシア政府は、日本など諸外国からの経済援助や民間資本の導入により、道路、電力、通信、港湾、空港等のインフラ整備に積極的に取り組もうとしています。ジャカルタの都市高速鉄道MRTは、当初の2016年完成予定からは遅延したものの、2019年に完成しています。また第1次および第2次緊急電源開発計画、ジャカルタ東部地域への新空港および新港湾の建設計画（時期未定）なども代表的な例です。しかし、緊急電源開発計画などのように計画が大幅に遅れることも多く、現状のようなインフラの逼迫状態が続けば、すでに進出している企業の経済活動や今後の投資計画への影響が危惧されます。

## Q10　ジョイントベンチャー

　インドネシアへの進出にあたって、100％独資ではなくジョイントベンチャーを選択するケースが増えてきているようですが、どのようなメリットがあるのでしょうか。

**Answer**

　ジョイントベンチャーによる進出の場合、パートナーである現地企業の商流・物流網などを活用できる点や、インドネシア特有の制度や運用に柔軟に対応できる点がメリットとして考えられます。

近年，大手企業では，100％独資で会社設立を行う企業も増えています。
　一方，中堅企業等を中心に現地企業との合弁やジョイントベンチャーを選択するケースが増えているようです。その理由としては，①現地企業が長年かかって構築した商流と物流網の活用，②インドネシア特有の制度や法令等の不透明な運用への対応，を期待したものと思われます。今後もジョイントベンチャーによるインドネシア進出が増えるものと予想されます。

## Q11　撤退手続

　インドネシアへの進出を検討するにあたって，撤退についても事前に考えておきたいと思います。方法と手続を教えてください。

### Answer

　インドネシアからの撤退方法としては，主に，株式譲渡，会社の解散・清算，破産という3つの選択肢が考えられます。

### 1　株式譲渡

　インドネシアへの進出や組織再編などでも利用される方法です。例えば，東南アジアでの生産拠点をタイに集中するために，インドネシアから撤退する場面などでの利用が考えられます。インドネシアの現地法人が黒字を計上している場合には，投下資本の回収も可能であり，積極的な撤退といえるかもしれません。手続については，インドネシア会社法2007年40号8章（合併・買収等）で規定されています。

### 2　会社の解散・清算

　現地法人が黒字でも譲渡先が見つからない場合または赤字の場合は，会社の

解散・清算による撤退を検討することになります。この手続については，会社の清算（Q34）をご参照ください。

## 3 破　　　産

　この手続は，現地法人が債務超過の状態にある場合などに選択する最後の手段になります。破産は，支払時期が到来した1つ以上の債務を履行できない場合に，債務者自らまたは債権者による破産の申立てによりなされます。破産手続は，主として，①破産の申立て，②破産宣告および破産管財人などの選任，③債権の届け出，④債権者会議，⑤資産の処分・分配，⑥破産の終了，という流れで進められます。

## Q12　不動産に係る法制度概要

　インドネシアでは土地の取得はできるのでしょうか。また，土地に関する法制度にはどのようなものがありますか。

### Answer

　一般の会社は原則として土地所有権を取得できません。土地所有権以外の権利を取得する必要があります。

### 1　インドネシアにおける土地制度

　インドネシアにおいては，一部の例外はあるものの，一般の会社は土地所有権を取得できないことに留意する必要があります。土地に関する主な法制度としては以下があります。

　・インドネシア民法

　・土地基本法

　・抵当権法

第2章　進出のためのQ&A

27

土地基本法により，インドネシア全土の土地は国家により管理されることになります。その上で，同法の定める土地に関する各権利が，自然人や法人に付与されることとなります。この権利としては，土地に対する全面的支配権である所有権，物権的性質を有する土地利用権である事業権，建設権，使用権，債権的性質を有する土地利用権である借地権等があります。

## 2　外国人および外国企業に対する土地規制

　インドネシアの土地制度の大きな特徴は，所有権の主体が限定されていることです。インドネシア国籍を有する自然人，政府系銀行，農業協同組合，宗教・社会団体といった一部の法人のみが土地所有権を取得することが可能であり，一般の会社は，内資・外資を問わず土地所有権を取得することができません。よって，インドネシアにおいて土地を利用する場合は，所有権以外の各土地利用権の内容や差異を正確に把握し，目的に応じて適切な権利を取得することが必要となります。

　なお，外国人，二重国籍者，所有権を取得できない法人等に対し土地に係る所有権を移転する行為は法的に無効であり，当該土地は国家に帰属することとなります。

## Q13　土地に関する権利概要

土地に関する各種の権利について概要を教えてください。

### Answer

　土地基本法等に土地に関する権利が定められており，権利取得にあたっては，権利内容の違いに注意する必要があります。

## 1 土地に関する権利について

土地基本法（関連する政令を含む）に主な土地に関する権利が定められています。

- 所有権（HM）
- 事業権（HGU）
- 建設権（HGB）
- 使用権（HP）
- 借地権（HS）
- その他の権利

法人は原則として土地の所有権自体を売買することができないため、土地を利用する権利を取得・売却することになります。製造業を営む日系企業が工場建設のために取得する土地に対する権利は、一般的に建設権が多いと考えられます。建設権とは、他人が所有する土地に建物を建設し、その建物を使用・管理するための権利をいいます。

## 2 事業権，建設権，使用権について

これらの権利は、他者の土地を利用する権利という点で共通していますが、その利用目的は権利ごとに異なります。事業権は、漁業、農業、畜産業等の事業を行うために土地を使用する場合に用いられ、建設権は、建物を建設・所持するために用いられます。使用権については、利用目的について明確に規定されていません。

建設権および使用権では、国有地、運用権が設定された土地および個人所有地が権利対象となります。なお、運用権とは、国が省庁や総局などの政府機関に提供した土地を、その利用のために当該政府機関が第三者に提供する場合に、土地管轄大臣が当該政府機関に供与する権利のことをいいます。また、事業権については国有地のみが対象となります。

## 3　権利の利用期間について

　各権利につき，権利の利用期間，延長の可否とその期間，更新の可否が規定されています。延長とは，権利に関する条件を変更せずに当該権利の利用期間を伸長することをいい，更新とは，権利の利用期間または延長後期間の満了後に，その権利者に対して同様の権利を付与することをいいます。

　例えば，建設権の存続期間は最長30年であり，延長は最長20年とされています。利用期間の延長および更新は，遅くとも権利の利用期間または延長後利用期間満了の2年前までに行わなければなりません。

　また，建設権は譲渡可能な権利ですが，その利用期限は譲渡後も同じです。例えば，残存期間が10年の建設権を譲り受けた場合，譲受人は10年後に建設権の延長手続を行う必要があります。なお，建設権の延長はこれまで順調に行われているようですが，建設権の延長，更新に係る条件は必ずしも明確ではなく，国家土地庁の裁量に委ねられています。

## 4　インドネシアでの土地取引

　法人は原則として土地の所有権自体を売買することができないため，土地に関する権利を取得・売却することとなります。

　国有地および運用権が設定された土地に係る各権利の発生時期は登記時点であり，登記後には権利証が交付されます。個人所有地に係る建設権および使用権については，土地証書作成官により証書が作成され権利が付与された時点で権利が発生し，権利設定，延長・更新，権利移転，滅失について登記が必要とされます。土地に関する権利を第三者に主張するには登記が必要とされます。

　土地に関する権利を保全するには，当該権利の登記内容が，法的にも物理的にも真実に合致していることが重要です。

　また，土地に関する権利について売買契約を締結する場合，実務上は契約書の締結と土地売買証書の作成という二段階の手続を踏むのが通常です。

　土地証書作成官の作成する土地売買証書は，その書式・内容が厳格に法律で定められており，売買契約当事者間で合意が必要となる土地代金の詳細な支払

条件，土地に関する売主からの保証などを盛り込むことができません。そこで，まず契約書の中で売買に関する詳細な条件につき合意し，その後に土地売買証書を作成して取引を完成させることが一般的な契約締結の流れです。また，契約書を作成する前に，土地代金，面積，土地売買証書締結までのスケジュール等の主要な取引条件についての基本合意書を締結することも一般的に行われています。

## Q14　登記制度の概要

登記制度の概要を教えてください。

### Answer

登記業務は国家土地庁により行われます。売買等により土地に関する権利が移転する場合にも登記が必要です。

### 1　登記制度に関する法制度

インドネシアの登記制度は，1997年政令24号およびその実施細則である1998年政令37号等に基づいています。

登記の対象となるのは，所有権，事業権，建設権および使用権の設定された土地，運用権の設定された土地，寄進された土地，高層集合住宅の区分所有権，抵当権および国有地です。

実際の登記業務は，国家土地庁により行われます。仮に，土地に関する権利について権利者以外の者が登記手続を行った場合，登記申請に必要な情報が不十分であれば，その旨が付記された不完全な登記がなされます。しかし，この場合でも5年以内に異議申立がなされなければ，当該付記は消去されます。例えば，権利関係に争いがある土地に関する権利について，紛争の一方の当事者により登記申請がなされた場合，争いの存在が付記された登記がなされ，紛争

の相手方に対して所定の期間内に提訴する機会を与える通知がなされます。そして，その所定期間内に提訴がなく和解等による解決も図られなければ，当該付記は消去され，登記が確定します。

　よって，利害関係を有する土地に係る権利について，事実に反する登記がなされた場合は，放置せず適切に対応する必要があります。

## 2　権利売買等に伴う権利の移転について

　売買等の法律行為により土地に関する登記済権利を他者に移転するような場合にも登記が必要です。登記の際は，原則として，権限のある土地証書作成官が作成する証書により権利移転の事実が証明されなければなりません。

　この証書は，土地証書作成官の面前で，法令の定める形式・内容に従い，法律行為の当事者等が署名して作成されます。証書は土地証書作成官が準備しますが，基本的にその内容の変更を求めることはできず，またインドネシア語で作成しなければなりません。証書が作成されれば，国家土地庁で実際の登記がなされることになります。なお，土地証書作成官は通常，公証人が兼務します。

　法律上，土地の登記情報は公開されることになっていますが，土地の住所と権利者名から当該土地の登記情報を確認するのは実際には困難です。各地の国家土地庁により実務的取扱いが異なる可能性もあります。国家土地庁では住所に基づいて登記情報が整理されておらず，土地に関する権利証の写しを提示しなければ，登記情報を確認できないことがあるようです。

## Q15　輸出入規制

　インドネシアの輸出入手続は複雑で，多くの規制があると聞いていますが，どのようなものがあるのでしょうか。

### Answer

　インドネシアでの輸出入の規制は多岐にわたっているため，商品の輸出または輸入にあたっては，規制の有無や詳細について関係機関等に事前に確認することをお勧めします。
　ここでは，主な輸出入の規制について説明します。

## 1　輸入品目規制

　現在，輸入が禁止，または制限されている主な品目は下記のとおりですが，頻繁に改定等が行われていますので事前に確認が必要です。

(1)　輸入禁止品目

- 危険・有毒原料廃棄物
- 古着，繊維関連廃棄物
- オゾン層破壊原料（注1）
- エビ（注1）
- モッツァレラチーズ
- 特定の魚
- 中古車

(2)　輸入制限品目

- にんにく，小麦，小麦粉，大豆など8品目
- 乳製品，丁子，穀類粉など計19品目
- 砂糖
- 塩
- 自動車関連47品目
- 潤滑油
- 廃棄物
- 4-クロロ-3,5-ジメチルフェノール
- ニトロセルロース

- オゾン層破壊原料（注1）
- 陶磁器
- カラーコピー機
- 米
- 電子・電気製品，衣料，玩具，履物，食料・飲料品，伝統生薬／サプリメント，化粧品
- 食品・医薬品関連
- 繊維・繊維製品
- ガラスシート
- 危険原料
- アルコール
- 石油ガス
- 中古資本財
- 光ディスクとその機器・原材料
- エビ（注1）
- 水産物
- 鉄鋼
- 家畜・家畜製品
- 化粧品
- タイヤ
- ナトリウム三リン酸塩
- 真珠
- 作物製品
- 携帯電話・携帯コンピュータ・タブレット端末
- 麻薬，向精神薬，医薬用前駆体
- 家禽とその生肉，内臓，および加工品
- 種牛・家畜牛，肉牛

（注1）オゾン層破壊原料とエビが輸入禁止品目と輸入制限項目に記載されているの

は，対象品目の種類によって扱いが異なるためです。詳細は商業ウェブサイト（www.kemendag.go.id）をご確認ください。
(注2) なお，一部の品目については，輸入港が限定されているため注意が必要です。

## 2 その他の輸入規定
### (1) 輸入業者

原則，企業が輸入を行うためには，商業省から輸入業者認定番号（API）を取得し，財務省関税総局に登録して通関基本番号（NIK）を取得する必要があります。また，特定の品目の輸入については特別輸入業者登録番号（NPIK）の取得が義務付けられています。

#### ① 輸入業者認定番号（API）

APIは，製造業とそれ以外（一般）の2つに分かれています。なお，APIは1社につき1件しか認められません。

(a) 一般輸入業者認定番号（API-U）

以前は，一般輸入業者認定番号（API-U）を保有する企業は，原則として輸入する品目に制限はありませんでしたが，商業大臣規定2012年第27号にて，輸入できる品目が，関税率表の1分野内の品目に限定されました。しかし，その後，2012年9月21日付商業大臣規定2012年第59号にて，API-Uの保有会社が，「特別な関係」を有する国外の会社から物品を輸入する場合には，複数の分野の輸入が認められることになりました。ただし，特別な関係を証明する書類に，インドネシア在外公館の商務部で認証を受け，API-Uの申請に添付する必要があります。

「特別な関係」とは次のとおりです。
・経済活動における支配分割のための契約上の合意
・株式保有
・定款
・代理店／販売業者契約
・融資契約
・サプライヤー契約

(b) 製造輸入業者認定番号（API-P）

　API-Pを保有する企業は，原則として生産工程で使用する資本財，原材料，補助材，材料を自社使用のために輸入することが可能です。ただし，一定の条件の下に，試験販売などを目的に，事業許可の範囲内で工業製品を輸入することも可能です。

② **通関基本番号（NIK）**

　輸入を行う企業は，関税総局へ登録し，通関に必要な通関基本番号（NIK）を取得する必要があります。

③ **特別輸入業者登録（NPIK）**

　(i)とうもろこし，(ii)米，(iii)小麦，(iv)砂糖，(v)繊維および繊維製品（79品目），(vi)履物（5品目），(vii)電気製品および部品（20品目），(viii)玩具，の8分野の商品が，2002年3月7日付工業商業省貿易総局長決定2002年第5号に特定商品として定められており，これらの商品を輸入する場合，特別輸入業者登録番号（NPIK）の取得が義務付けられています（詳細は商業省のウェブサイト（www.kemendag.go.id）を参照）。

(2) **輸入業者登録・輸入承認・船積み前検査**

　なお，前述の「1　輸入品目規制」のうち，一部の品目については，別の輸入業者登録や輸入承認の取得，船積み前検査が必要になる場合があります。詳細は商業省のウェブサイト（同上）でご確認ください。

(3) **インドネシア国家規格（SNI）**

　インドネシアで販売される製品は，国産品だけでなく，輸入される製品についても，SNI証使用製品証明（SPPT-SNI）を取得し，SNI証あるいはSPPT-SNIを貼付することが義務付けられています。

　SNIの基準遵守が義務付けられている主な品目は以下のとおりです。

・自動車用安全ガラス

・セメント

・自動二輪車用ヘルメット

・食品原料用小麦粉

- 粉カカオ
- 一次電池
- ガラスシート
- ライター
- 電器3品目
- 冷延スチールシート・ロール
- 鋼材
- 建設用鉄線
- ワイヤーロープ
- ケーブル
- キャストアイロン製スクリュー形パイプ接続部品
- LPGボンベの蓋
- LPGボンベの低圧レギュレーター
- 上水メーター
- タイヤ
- 一次無機肥料
- LPGボンベのゴム栓
- 鉄筋アスファルト鋼
- 亜鉛メッキ・スチールシート
- アルミ・亜鉛混合メッキ鉄板・ロール
- 熱延鉄板・シート・ロール
- LPG鉄製ボンベ
- LPGガス・コンロ
- ミネラルウォーター
- 陶製テーブルウエア
- 便座
- 陶製タイル
- 照明

- 玩具
- エアコン・冷蔵庫・洗濯機
- 酢酸
- ナトリウム三リン酸塩
- 炭化カルシウム
- 酸化亜鉛
- 酸化アルミニウム
- RBDパームオレイン
- LPG高圧レギュレーター
- アゾ色素
- 高密度NPK肥料

(4) 検　　　疫

動植物や水産物等の輸入について検疫が義務付けられています。また，木材梱包に対して以下のとおり検疫が課されています。

・木材梱包

インドネシアへ搬入される木材梱包は，国際基準No.15「国際貿易における木材梱包材の規制のための指針」に沿って規定が定められています。

検疫は，植物有害組織のリスク分析，原産国，梱包されている商品の種類，などについて，具体的には主に以下の事項を確認するためにランダムに実施されます。

① 規定で定められたマーキングが原産国の当局に登録された者によって押印されている。

② 植物有害組織を含んでいる可能性がない

植物有害組織の懸念がある場合は，以下の処理を施された後に合格となります。

(a) 熱処理：木材の中の中心部の温度が最低56度に達した状態を最低30分間維持

(b) メチルブロマイド（$CH_3Br$）燻蒸処理

マーキングと物理的な状態が規定に沿っており，植物有害組織が含まれていないと確認された場合は合格となり，合格証明証が発行されます。不合格の場合は，木材梱包は，14稼動日以内にインドネシア国内から搬出されるか，または搬出されない場合は廃棄処分されます。

## 3　輸出品目規制
### (1)　輸出禁止品目
　産業廃棄物，保護種の動物，文化財など一部の品目について輸出が禁止されています。詳しくは，商業省，工業省など関係官庁のウェブサイトでご確認ください。

### (2)　数量規制品目
　生きた動物や魚，パーム核，鉱物，工業製品など一部の品目については，輸出許可が必要な品目に定められており，また数量が決められています。詳しくは商業省ウェブサイトでご確認ください。

### (3)　業者登録制度品目
　対象は多岐にわたっていますが，主な品目は以下のとおりです。
　ダイヤモンド原石，スズ塊と前駆体，コメ，コーヒー，石油・天然ガス・燃料・LNG・LPG等，家畜・家畜加工品，品目の非医薬品の前駆体，ツバメの巣の中国向け輸出，林業製品，麻薬，向精神薬，医薬用の前駆体，ワシントン条約などで保護されていない自然植物と野生動物28品目，特定の加工・精錬最低限度に達した金属鉱物，非金属鉱物，石類からの鉱業製品。
　上記品目の輸出には，業者登録の外に，商業大臣からの輸出承認の取得や船積み前検査，所轄官庁からの特別許可など特別な条件が必要になる場合もあります。詳細は商業省や関係官庁のウェブサイトをご確認ください。

## 4　輸出管理等
### (1)　輸出ライセンス
　輸出を行う企業は，輸入と同様に，財務省関税総局へ登録し，通関に必要な

通関基本番号（NIK）を取得する必要があります。また規制品目を輸出する場合は，商業省の許可が必要になります。

(2) 輸出価格の審査

商業省は，輸出価格の安定のために，一定期間ごとに指定品目の輸出標準価格を定めています。

(3) 原産地証明書の発行

輸出者は，州／県／市政府の商業管轄局などで，輸出申告書（PEB）の写し，船荷証券（B／L）または航空貨物運送状（AWB），インボイス，パッキングリスト等を添付して申請，取得することができます。

(4) 船積み前検査

前記「3　輸出品目規制」で必要とされる船積み前検査は，輸出の都度，政府が認定したサーベイヤーによって行われます。主な検査項目は，輸出品の種類と仕様，数量，船積港などです。

## Q16　外為規制

インドネシアでは外貨準備高が減少しているため，外国為替に対する規制が厳しくなっていると聞きましたが，どのような規制があるか教えてください。

### Answer

一部にそのような規制が行われています。主な外国為替に関する規制は以下のとおりです。

### 1　貿易取引について

日本など世界の60数か国との輸入取引については，信用状（L／C），手形支払書類渡し（D／P）・手形引受書類渡し（D／A），送金など，通常，国際貿易

取引で行われている方法で決済が可能です。輸入決済に使用される通貨の規制はありませんが、輸出については、円、ドル、ユーロなど18か国・地域の通貨が決済通貨として指定されています。

2012年12月に輸出取引で受け取る外貨は、国内の外国為替銀行を通じて受領することが義務付けられました。また輸出金額が1万ドル超あるいは相当額の場合、入金した翌月5日までに輸出に関わる情報を外国為替銀行に提出する必要があります。

## 2　貿易外取引について

貿易以外の取引については以下のような規制があります。

### (1) ルピアの海外への持出しと国内への持込み制限

現金1億ルピア以上を国外に持ち出す場合は、事前にインドネシア中央銀行の許可、また現金1億ルピア以上を国内に持ち込む場合は、事前に税関による偽札識別検査を受ける必要があります。違反した場合、持出し、あるいは持込みルピア総額の10％相当に最大3億ルピアを加算した罰金が科せられます。

海外へ1億ルピア以上あるいは相当額以上の外貨の現金や小切手などを持ち出す、あるいは海外から持ち込む場合は関税総局に届ける必要があります。

### (2) 外国人や外国法人などとの特定のルピア取引や外貨与信取引の禁止および規制

主な規制の対象と取引は以下のとおりです。

・取引禁止と規制の対象：外国人、海外で設立された外国法人あるいは外国のその他の機関、インドネシアに本店を有する銀行、インドネシア法人の海外支店など（外国人にはインドネシアにおける居住許可を有する者を含む）。外資企業（PMA）は外国法人には含まれないが、駐在員事務所は対象。

・禁止される取引：ルピア建てや外貨建ての融資供与（シンジケートローン、クレジットカード、消費者ローンなどは除く）、外国法人等により発行されたルピア建て有価証券の購入、ルピア建て資本金払込み等（外国人による国内の銀行に開設した口座にルピア建て給与を送金する等、一部特定取引の例外あり）。

(3) ルピアによる外貨購入規制

　ルピアによる外貨購入に対する規制が2008年12月1日から実施されています。インドネシア国内の銀行において，ルピアで外貨を購入する場合，以下の規制があります。

・規制の対象

　個人，銀行以外の法人，あるいは外国人，外国法人のインドネシア支店，外資企業

・金額制限

　① 1ヶ月間，1顧客当たり25,000ドル相当を超える外貨購入：証明書類必要

　② 1ヶ月間，1顧客当たり25,000ドルまで：証明書類不要

　（注）証明書類：外貨購入が必要なことを証明する書類

　また，ルピアによる外貨購入は投機目的でない取引に限り，かつ1ヶ月間に1顧客当たり25,000ドル相当を超えるルピアによる外貨購入の目的について，以下のような取引に制限されました。

・インドネシア（個）人の場合：

　モノ・サービスの輸入活動，海外への医療費と海外のコンサルタント利用に対する支払い，インドネシアでの外国人雇用に関わる支払い等のサービスの支払い，外貨建て債務の返済，海外での資産購入の支払い，ノンバンクの外貨取引，トラベルエージェントの事業活動，外貨建て預金

・外国人の場合：

　ルピア建て資産・投資の引出し，債務者からの返済受領，キャピタルゲイン・クーポン・利息・配当などの投資からの所得等

　なお，外貨購入にあたっては，外貨購入の必要性を証明する書類とその真偽性についての誓約書が必要です。また，個人の場合は，身分証明書類と納税者番号（NPWP）のコピーが必要になります。

(4) ルピア使用義務

　2011年6月28日付第7号通貨法にて，インドネシア国内における支払目的の

取引，金銭による債務履行，銀行への送金を含むその他金銭取引にはルピアを使用することを義務付けると規定され，その後2015年3月31日付のインドネシア中央銀行の通達「17/3/PBI/2015」において，国内取引におけるルピア使用の義務化が明確化されました。

## 3 資本取引

資本取引においては，以下のような規制が定められています。
① 基本的に，投資家は外貨建て口座を通じて自由に国内外に資金を送金することが可能です。ただし，次のような例外規定が定められています。
・1万ドル相当以上の外貨の国内外での受払いについてはインドネシア中央銀行への報告義務があります。
・ルピアの外為取引についてはインドネシア国内銀行が行い，非居住者の銀行間でのルピア送金が禁止されています。
② 投資省（Kementerian Investasi/BKPM）から承認を得た外貨建て資本金をルピア建て資本勘定に計上するために使用する為替レートは投資省が指定します。
③ 税制上の優遇措置を受けている期間は，外国投資元本の本国への送金に許可が必要です。
④ 海外から借入を行う場合は，インドネシア中央銀行への報告が必要です。

## Q17 工場建設

インドネシアでの工場建設について，留意すべき点を教えてください。

**Answer**

工場建設にあたっては，所定の認可を予め得ておく必要があります。

工場建設に必要な認可として主なものは以下のとおりです。

(1) 立 地 許 可

工業団地以外の場所で工場を建設する場合，土地の取得交渉を行うための許可であり，当該土地を管轄する県・市の土地局に申請します。工業団地を利用する場合は，改めて立地許可を申請する必要はありません。

(2) 建 設 権

工場など建物を建設する場合，建設権といわれる土地の権利を有する土地以外では工場を建設することができません。インドネシアの土地制度は非常に複雑なため，工業団地以外，または工業団地内のいずれの場合でも，建設権付の土地に関する権利を購入することが肝要です。

(3) 建築許可の取得

工場の建設を行うためには，工業団地または土地を管轄する地域が定めた地域配置詳細計画，建物・環境配置計画あるいは地域技術計画に基づき，県・市の公共事業担当局に建設許可を申請します。建築許可は，建築物（工場，事務所など）だけでなく，駐車場などの建築物以外も対象となります。

(4) 環境影響に関する承認

必要に応じて，事業活動の内容・種類に基づき，各地域で定めた環境影響分析，環境監視／管理方法，環境管理誓約書などを作成し，県／市の環境管理局に申請を行い，承認・推薦を受ける必要があります。

(5) 公害法に関わる許可

当該土地を管轄する地方政府が定めた，環境，社会，経済などにおける公害に関する法令に基づいて許可が行われます。

## Q18 雇用創出オムニバス法

雇用創出オムニバス法の概要について教えてください。

### Answer

　雇用創出オムニバス法とは，インドネシアにおいて，雇用創出のための海外からの投資誘致を目的として創設された法令であり，オムニバスの名前が示すとおり，労働，外資規制緩和，課税など多くの分野の，約80の関連法案を一括して改正し，これらの関連法案を包括したものとなっています。

　2020年10月5日，インドネシア国会は，雇用創出オムニバス法を可決しました。その後，編集作業などを経て，2020年11月2日にインドネシア政府は同法を公布，即日施行しました。同法は，退職手当や最低賃金の算出方法や合理化目的の解雇要件の緩和，外資規制緩和，課税環境の改善など，日系企業を含む企業側に有利な改正を多く含むため，海外からの一層の投資促進が期待されています。一方で，同法はすでに施行されているものの，最低賃金の詳細計算方法など多くの詳細の内容は同法の細則で定められており，細則の内容を注視する必要があります。

### コラム

### インドネシア語の先生

　ちょっとした縁で取引先の親戚の娘さんにインドネシア語の個人教師を引き受けていただいたことがあります。インドネシア大学日本語学科卒業の才媛で歳は30歳と少し。初めの頃は単身赴任だったので，週に何回かメンテンにある自宅（昔のプレジデントホテルの裏）でレッスンを受けました。素敵な庭があり，玄関を入ってすぐのところにある客間が勉強部屋でした。

　1年半ほどして，家族がインドネシアに来てからは，家族も含めたお付き合いになりました。妻は，インドネシアも海外も全く初めてだったので，インドネシア語のレッスンというより，よく一緒に買い物に行っていました。まるで歳が離れた友達のようでした。5年で妻は帰国しましたが，彼女がいなければ全く違ったインドネシア生活を過ごすことになったと思います。彼女は，日本人の男性と結婚し，可愛い男の子を出産しましたが，その後2年ほどで病気になり亡くなりました。自宅での葬儀に参列させていただきましたが，今でも彼女が生きていればと思うことがあります。

# 第3章

# 会社法務に関するQ&A

　インドネシアの会社法は，オランダ統治時代に制定された商法典をベースに2007年に定められています。会社機関は株主総会，取締役会のほかに，日本の監査役に相当するコミサリスによって構成されるコミサリス会が挙げられます。外国企業が設立可能な会社形態は株式会社のみであり，最低出資者数等の定めがあります。また，設立時に必要となる定款記載事項の定めもあります。株式は，無議決権株式等の種類が異なる株式の発行も可能ですが，譲渡方法とともに定款に定める必要があります。

　年次報告書（決算書）は，会計年度終了後6ヶ月以内に作成し，コミサリス会の監査と株主総会の承認を受ける必要があります。また，外国企業は，年次報告書に含まれる財務諸表について，外部の公認会計士がサインした監査報告書を添付し株主総会に提出することが求められます。

## Q19 会社法の概要および機関の体系

インドネシア会社法の概要と会社の機関について教えてください。

### Answer

インドネシアの会社法は，オランダ統治時代に制定された商法典がベースとなって定められています。会社の機関としては，株主総会・取締役会のほかに，日本の監査役に相当するコミサリスによって構成されるコミサリス会が挙げられます。

インドネシア会社法の起源は，旧宗主国であるオランダ統治時代に制定された商法典に遡ります。現在の会社法は1995年に制定された近代的な会社法を前身として2007年に新たに制定されたものですが，コミサリス会の制度などオランダ法に由来する制度も存在します。

インドネシアにおいて外国資本に認められた企業形態は株式会社のみであり，日本と同様に，株主は自己が保有する株式の価値を超えて責任を負うことはありません（株主有限責任の原則）。株式会社は，一定以上の規模（株主300名以上かつ払込金額30億ルピア以上）を有する会社または株式の公募を行う会社である公開会社と，株式譲渡の制限を設ける非公開会社に分けられます。日本企業の投資のほとんどは非公開会社によるものです。

株式会社の機関は日本と概ね同じですが，株主総会・取締役会のほかに，監査役に相当し，より強い監督権限を有するコミサリスにより構成されるコミサリス会の設置が義務付けられています。

## Q20 会社形態

インドネシアにおける会社形態について教えてください。

### Answer

インドネシアにおける会社形態は，個人企業や有限責任形態，株式会社など様々な形態がありますが，外国資本が設立可能な会社形態は株式会社のみとされています。

インドネシアの会社形態には以下の種類があります。会社の形態によって最低資本金額，最低株主数等の定めが異なります。ただし，外国資本に認められているのは株式会社のみとなるため，日本企業が現地法人を設立する場合には株式会社の形態をとることになります。なお，株式会社の最低株主数は2名であり，日本で認められている1人会社は認められていません。このため会社設立の際には，現地の出資パートナーまたはインドネシア国外の他の出資者（外資規制のある業種以外では100％外資も認められています）が必要になります。

|  | 責任形態 | 出資者数<br>（最低数） | 資本金額<br>（最低額） |
| --- | --- | --- | --- |
| 個人企業 | 無限責任 | 1名 | なし |
| 基本提携 | 無限責任 | 2名 | なし |
| 無限責任形態 | 無限責任 | 2名 | なし |
| 有限責任形態 | 無限責任と有限責任 | 2名 | なし |
| 共同組合 | 無限責任 | なし | なし |
| 国有会社 | 無限責任 | なし | なし |
| 株式会社(非公開)国内会社 | 有限責任 | 2名 | 5,000万ルピア |
| 株式会社(非公開)外国企業※ | 有限責任 | 2名 | 25億ルピア |
| 株式会社(公開) | 有限責任 | 300名 | 30億ルピア |

※ 会社法上で定められている非公開の株式会社の最低資本金は5,000万ルピアですが，外資が少しでも入っている会社の最低資本金額は投資調整庁により別途定められ，最低資本金額は25億ルピアとされています。さらに，資本金と借入金を合わせた「最低投資額」は100億ルピア超と定められていることに注意が必要です。

## Q21 株　式

インドネシアの株式制度について教えてください。

**Answer**

インドネシアの会社株式は，インドネシア人でも外国人でも所有することができます。また，定款の定めに基づいて，無議決権株式や，配当に関する優先株式など種類の異なる株式を設けることができます。

インドネシアの株式についての考え方は日本の株式と同様で，会社の資本の構成単位であり，株主の会社に対する持分を表します。株式の所有者には原則としてインドネシア人，外国人に関わらず誰でもなることができます。インド

ネシア会社法では株券を発行しないこととすることもできますが，株券を発行する場合には所有者名，ルピアでの額面金額を記載して発行しなければならず，無記名による発行は認められていません。

また，取締役会は，株主名簿を作成し会社に保管する義務を負います。

・**株式の種類**

インドネシア会社法上，定款で定めることにより以下のような複数の種類の株式を発行することができます。

① 議決権株式または無議決権株式
② 取締役，コミサリスの候補者を立てる権利を有する株式
③ 一定期間経過後に消却または他の種類の株式に転換される株式
④ 累積的または非累積的に他の種類の株式に優先して配当を受ける権利を有する株式
⑤ 他の種類の株式に優先して清算時の残余財産を受け取る権利を有する株式

## Q22 株主の権利

インドネシア会社法における株主の権利について教えてください。

**Answer**

インドネシアの会社法において，株主は，株主総会における議決権，配当や清算時の残余財産を受け取る権利，その他会社法で定められる権利などの一定の権利を有しています。

インドネシア会社法上，株主に認められている権利は以下の3つです。

① 株主総会に出席して議決権を行使する権利

② 配当を受ける権利および清算時の残余財産を受け取る権利
③ その他の会社法上の権利

　株式についての概念は日本の会社法と概ね同様であり，認められる権利も同様です。株主は株主総会に出席して株式数に応じた議決権を行使することによって会社の経営に参加する権利（①および③）を有するとともに，保有する株式数に応じて会社から利益および残余財産の分配を受ける権利を有しています（②）。

　また，上記のほかに少数株主保護のため特定の場合に少数株主に認められる，日本でいう少数株主権も存在します。定款の変更や組織再編等の重要な事項に反対した株主に認められる株式買取請求権や，一定株式数を保有する株主に認められる株主代表訴訟権，会社検査請求権，解散請求権がこれにあたります。

　なお，これらの株主としての権利は分割して行使することはできません。また複数の者が共同で1株を保有している場合には，代表者がその行使を行うことになります。

## Q23　株式の譲渡

　インドネシアにおける株式の譲渡方法について教えてください。

### Answer

　インドネシアにおける株式の譲渡については，定款において定めることとされており，各会社の定款には譲渡に関する手続や譲渡制限について規定されています。

　インドネシア会社法では，株式の譲渡については定款で定めなければならないとされているため，定款には必ず株式譲渡に関する手続および譲渡制限につ

いての規定が置かれます。株式譲渡の手続については以下の事項が定められています。

① 譲渡証書の締結
② 譲渡証書の会社への提出
③ 株主名簿への記録および登記変更のための法務人権大臣への届出

また譲渡制限については以下の要件を定款に定めることとされています。譲渡制限を置かないこともできます。

① 株式譲渡を行う株主は，譲渡に先立って既存株主に対して売却の申し出を行わなければならない旨
② 株式譲渡時に会社の特定の機関の事前の承認を得なければならない旨
③ 監督官庁から事前の承認を得ることを要する場合の要件

なお，インドネシア会社法では，株式の発行は本来，資本調達を目的として行われるものであることから，この目的を阻害する自社株式の取得（自己株式）は認められていません。また，日本では一般的である株式の相互持合いも同様の趣旨から禁止されています。

## Q24 株主総会

株主総会について教えてください。

### Answer

インドネシアにおける株主総会は，年次株主総会と臨時株主総会の2種類があります。株主の議決権は，原則として1株につき1議決権ですが，自己株式や自己の子会社が有する株式や相互保有株式については，議決権の行使が認められません。

インドネシア会社法における株主総会は，日本の株主総会と概ね同様の機関

です。株主総会には「年次株主総会」と「臨時株主総会」の2つの種類があり，年次株主総会は会計年度終了後6ヶ月以内に開催することとされています。年次株主総会では年次報告書（日本でいう決算書）が提出されなければなりません。臨時株主総会は必要に応じて年次株主総会と同様の招集手続を経ていつでも開催することができます。

株主総会における議決権は原則として1株式につき1議決権です。定款に規定することにより議決権を有さない株式を発行することも可能です。ただし，①自己株式，②自己の子会社が有する株式，③自己が株式を保有する他の会社が保有する株式（いわゆる相互持合い）については基本的に取得が禁止されており，組織再編や相続・贈与等の結果として取得した場合でも，議決権を行使することができず，定足数の算定からも除外されます。①，②については日本と同様ですが，相互持合い株式について議決権の行使が認められない点が日本と異なります。

インドネシアにおける各決議の決議要件は以下のとおりです。定足数および決議要件については，以下の要件より厳しい要件を定款に定めた場合にはそれに従うこととなります。

| | 決議内容 | 定足数 | 決議要件 |
| --- | --- | --- | --- |
| 普通決議 | ・取締役・監査役の選任<br>・取締役・監査役の報酬<br>・配当<br>・年次報告書の承認等 | 2分の1以上 | 出席した株主の過半数 |
| 特別決議① | ・定款変更 | 3分の2以上 | 出席した株主の3分の2以上 |
| 特別決議② | ・合併・買収等の組織再編<br>・会社の清算等 | 4分の3以上 | 出席した株主の4分の3以上 |

## Q25 取締役会

取締役会について教えてください。

**Answer**

取締役会は，全ての取締役により構成され，会社法および定款に定められた範囲内で会社の経営を行う権限を有します。インドネシアでは，個々の取締役が会社を代表するため，日本のように代表取締役という機関は設けられていませんが，定款により代表取締役にのみ代表権を付与することは可能です。

取締役会は全ての取締役により構成され，会社のために会社の設立目的に沿って会社法および定款に定められた範囲内で業務執行を含む会社の経営を行う権限を有する機関です。取締役が複数いる場合には，取締役会は合議により業務執行に関する意思決定を行うことになりますが，取締役会の開催の招集，議事，決議，頻度等は会社法に定められていないため，会社の定款により規定することが一般的です。決議については1人1議決権が原則です。

個々の取締役はそれぞれ会社を代表して業務執行を行う権限を有しています。インドネシア会社法上は全ての取締役に会社を代表する権限が付与されており，日本と異なり，代表取締役という機関はありません。ただし，定款に代表取締役の役職を設け，代表取締役にのみ会社を代表する権限を付与する旨を定めることはできることから，代表取締役にのみ代表権を付与している会社は多くみられます。

## Q26 コミサリス会と会計監査人

インドネシア会社法のコミサリス会と会計監査人について教

えてください。

**Answer**

インドネシアの会社におけるコミサリス会は、日本の監査役および監査役会に近い機関ですが、一定の場合には強力な監督権限を有しています。会計監査人はインドネシアの公認会計士が就任し、決算書類の監査を行います。全ての外資企業は、会計監査人による監査を受ける必要があります。

コミサリス会はインドネシアに特有の機関です。コミサリス会は全てのコミサリスにより構成され、会社のために、会社の経営を監督し取締役に対して助言を行う機関です。コミサリスが複数存在する場合には、コミサリス会の決議によりコミサリス会としての意思決定を行うことになりますが、取締役会と同様に会社法にはコミサリス会の開催の招集、議事、決議、頻度等は定められていないため、定款において規定することが一般的です。

コミサリス会は日本の監査役および監査役会と同様の機関ですが、一定の場合には、より直接的に会社の経営に関与することや、取締役会に対して強力な監督権限を行使することができます。

全ての外資企業は会計監査人による監査を受け、株主総会に提出する決算書類に監査報告書を添付する必要があります。会計監査人は金融サービス庁のライセンスを持つインドネシアの公認会計士でなければなりません。

---

**コラム**

### 渋滞での過ごし方

ジャカルタ近郊の渋滞は悪化の一途をたどっていますが、ほとんどの日本人は運転手付の車での通勤のため、時間の使い方には融通がききます。多くの方は、朝早く出発しなければならないことから、通勤時間を睡眠に充てています。あるいは現在はPCでの仕事がほとんどのため、車のなか

で仕事を行うことも可能です。しかし高速であっても路面状況が悪く，乗心地がよいとは言えないため，睡眠にしても仕事にしても残念ながら質の良いものではありません。また運転手さんの性格によってはアグレッシブな運転に耐えねばならず，気が気ではないこともままあります。

　毎日利用する運転の特徴は意外に気になるもので，ご自分の好みに合う運転手さんに出会ったら手放さないようにするのが一番です。ただしそんな方に限って遅刻や欠勤が多かったりと，なかなか完璧な人間はいないものです。運転手さんはインドネシアの生活で一番一緒の時間が多いインドネシア人といえます。インドネシア人は多くの民族からなっていますが，出身地によって性格も異なるようです。出身地による違いなどを比べてみても面白いかもしれません。私の運転手さんはキリスト教徒の多いスラウェシ島の出身で，実際にキリスト教徒でした。キリスト教徒の運転手さんはなかなか貴重で，金曜日の礼拝の必要がないなど重宝しました。インドネシア人には珍しく時間にきっちりしていましたが，マナーの悪い他の車に邪魔されると運転が荒くなり，ひやひやもさせられました。

## Q27　定款記載事項

　会社を設立する場合に必要になる定款記載事項を教えてください。

### Answer

　インドネシアにおいて会社を設立する場合には，会社の商号，本店所在地，目的などの事項を定める必要があります。定款の内容は，株主総会の決議により変更することができます。

　インドネシア会社法において定款記載事項として定められている事項は以下のとおりです。定款は会社の設立の際に定められますが，株主総会の決議により変更することができます。

- 会社の商号と本店所在地
- 会社の設立趣旨，目的および事業内容
- 会社の存続期間（実務上は，特別の理由がない限り無限の存続期間を設定することが一般的です）
- 授権資本，引受資本，払込資本の金額
- 株式の種類および種類ごとの株式数，株式に付帯する権利，株式の額面
- 取締役およびコミサリスの役職，人数
- 株主総会の開催場所および運営方法
- 取締役およびコミサリスの選任，交代および解任に関する手続
- 利益処分および配当に関する手続

## Q28 決算書の提出

インドネシアにおける決算書の提出について教えてください。

**Answer**

インドネシアでは，会計年度終了後6ヶ月以内に年次報告書（決算書）を作成し，コミサリス会の承認と株主総会の承認を受ける必要があります。年次報告書には，財務諸表，事業報告書などが含まれます。

取締役会は，会計年度の終了後6ヶ月以内にコミサリス会の承認を受けた年次報告書（日本の決算書に相当します）を株主総会に提出し，承認を受けなければなりません。年次報告書には以下の資料が必要となります。

- 財務諸表（日本の計算書類と概ね同じですが，日本の計算書類と異なり，前年度の財務諸表数値が必要になります。また，キャッシュ・フロー計算書の作成が義務付けられています）
- 事業報告書

・企業の社会および環境に対する責任の実施報告書
・事業年度内に発生し会社の事業活動に影響を与えた問題の詳細
・事業年度内のコミサリス会監督職務報告書
・取締役およびコミサリス会の氏名
・取締役およびコミサリスの報酬及びその他の手当て

　日本企業の子会社のような外資企業は，外部の公認会計士による監査を受け，公認会計士がサインした監査報告書を財務諸表と合わせて株主総会に提出しなければなりません。

## Q29　取締役の資格および義務

取締役の資格と義務について教えてください。

### Answer

　インドネシアの会社における取締役は，取締役会の構成員であるとともに，個々の取締役は会社を代表して業務執行を行う権限を有しています。一方で，善管注意義務が課されており，この義務に違反し，会社に損害を与えた場合，会社に対して賠償責任を負います。

　取締役は，取締役会の構成員であり，会社法上は個々の取締役がそれぞれ会社を代表して業務執行を行う権限を有しています。日本でいう善管注意義務にあたる義務を課されていて，各取締役は誠実かつ責任を持って会社の業務執行を行わなければなりません。この義務に違反したことにより会社に損害を与えた場合には，当該取締役は会社に対して損害賠償責任を負います。

## Q30 配当金の支払い

インドネシア会社法の配当金の支払いについて教えてください。

**Answer**

インドネシアでは，会社は株主総会の決議に基づいて，株主に配当を支払うことができます。ただし，払込資本の20％に達するまで法定準備金の積立てを行う必要があります。

インドネシアでは会社の純利益（税引後の利益）の処分について，法定準備金の積立てを払込資本の20％に達するまで行わなければなりませんが，毎期の法定準備金の積立額を控除した後の純利益については，株主総会の決議に基づいて，株主に配当として支払うことができます。ただし，会社が累積赤字を計上している場合，先に累積赤字を解消することが求められています。

また，特に定款で定めた場合に限り事業年度が終了する前に中間配当を行うこともできます。

## Q31 増　　資

インドネシア会社法の増資について教えてください。

**Answer**

会社が増資を行う場合には，株主総会の決議が必要となります。また，新株の発行を行う場合には，株式を所有する全ての株主に対して，新株引受権の提供を行う必要があります。

増資とは，会社の設立後に資本を増加させるために新株を発行することです。新株の発行を行う場合には，既存株主と，新たに株主となる者との間で利害が対立する可能性があることから，両者の利害調整が必要になります。インドネシア会社法では，株式を所有する全ての株主に対して，株式の保有割合に応じて割り当てる旨のオファー（新株引受権の提供）をしなければなりません。

　また，会社が増資を行う場合には株主総会の決議が必要となりますが，授権資本（定款に定められている発行可能株式総数）の枠内で行われる場合と，授権資本枠を超える場合で決議要件が異なります。

　授権資本額および払込資本額はいずれも定款記載事項であるため，増資が行われる場合，授権資本の枠内か否かに関わらず，定款変更の手続が必要となります。また，授権資本枠内で増資を行う場合には法務人権大臣への届出で足りますが，授権資本枠を超えて増資を行う場合には法務人権大臣の承認が必要となることに留意が必要です。

## Q32　減資

インドネシア会社法の減資について教えてください。

### Answer

　インドネシアの会社が減資を行う場合には，株主総会の特別決議に加えて，債権者保護手続が必要となります。

　減資とは，会社の資本金を減少させることをいいます。減資は会社にとって重要な意思決定といえます。また，会社の債権者にとっても重大な利害が生じることから，株主総会の決議（Q24株主総会　特別決議①）に加えて債権者保護手続が必要となります。

　授権資本額および払込資本額はいずれも定款記載事項であるため，減資が行

われる場合にも，定款変更の手続が必要となります。

インドネシアで認められている減資は，有償減資のみで，無償減資は認められていません。

## Q33 組織再編

インドネシア会社法の組織再編について教えてください。

**Answer**

インドネシアの会社法では，合併，買収，会社分割といった手法が規定されていますが，具体的な手続については詳細な定めがなく，実務上も不明確な点が多いのが実態です。

インドネシア会社法では，組織再編の手法として合併，買収および会社分割の3つの類型を規定しています。いずれの方法も概ね日本と同様ですが，会社分割については，具体的な手続について会社法上ではほとんど規定されていません。実務的にも会社分割を使った組織再編には手続上不明確な点が多く，実例も少ない状況です。実際に組織再編を行う際には，会計事務所等へ相談することをお勧めします。

## Q34 会社の清算

インドネシア会社法の解散と清算について教えてください。

**Answer**

会社の解散事由としては，株主総会の決議や，定款記載の存続期間，裁判所

の決定による場合などがあります。解散事由が生じた場合，株主総会は清算人を選任し，会社の清算を行います。

　会社の事業を停止し，法人格の消滅させることを解散といいます。また，その後，会社と第三者との間の権利義務関係を解消し，残余財産を株主に分配することを清算といいます。会社の解散の事由はいくつかあります。
　① 株主総会決議
　② 定款に記載された会社の存続期間の満了
　③ 裁判所の決定
　④ 破産費用の支払いができず商事裁判所による破産手続の取消決定を受けた場合
　⑤ 破産宣告を受けた会社の破産財団が債務超過状態にある場合
　⑥ 会社の営業許可の取消しにより，法令に従い会社を清算する必要がある場合

解散事由が生じた場合には，株主総会により選任される清算人が会社の清算を行うことになり，会社自身は清算事務を処理するために必要とされる場合を除いて，法的な行為を行うことが禁止されます。

　株主総会決議による会社の解散・清算手続は以下のとおりです。

(1) **株主総会の特別決議**
　（決議要件）
　・議決権の4分の3以上の出席
　・出席株主の議決権の4分の3以上の賛成
　＊　なお，議決権のある株式の10分の1以上の株式を保有する株主は，株主総会に会社の解散提案を提出することができます。

(2) 清算人の指名
・株主総会が清算人を指名します。
・株主総会が指名しない場合には，取締役が清算人を務めます。

(3) 清算の手続
清算人が指名された後の主な手続は以下のとおりです。
・清算の公告および通知（解散日から30日以内）
・債権者による請求（公告日から60日以内）
・会社資産の処分
・清算の終了

(4) その他の手続
・投資調整庁（BKPM）への会社の解散の承認申請
・商業省に会社の解散を届け出，会社登録証（TDP）を返却
・税務署への納税者番号（NPWP）の除登録

(5) 注意事項
① 税務上の注意点
　　解散・清算の実務上，最も注意が必要なのが，納税者番号を登録抹消する時に必ず行われる税務調査です。過去に遡って適切に納税されていたか調査するため，税法に規定されている1年の期限以上かかることも少なくありません。また，納税漏れがあると判断された場合は，追徴課税されることになります。事前に，日頃お付き合いのある税務コンサルタント等に対応について相談することをお勧めします。
② 労務上の注意点
・労働移住省への届け出
　　会社の解散が法務人権省に承認された後，会社は管轄の労働局に解散を届け出る必要があります。

・従業員への通知と話し合い

　従業員に対して会社の解散を発表し，解雇日を通知します。この時に，解雇日までの時間的な余裕を十分考慮した日程を設定し，発表・通知を行うことが必要です。従業員に不安を与えないことが大切です。

・労働組合がある場合は，まずは労働組合との話し合いが必要になります。

・退職金等の支払いについて

　従業員に対する残りの賃金や退職金の支払いは，清算中の会社にとっては最優先債務となります。退職金の計算方法は，会社の財務状況の悪化や倒産，不可抗力等による会社解散の場合は退職手当，退職慰労金とも規定の1倍ですが，会社の効率化による事業閉鎖等の場合は，退職金は規定の2倍で計算する必要があります。

# 第4章

# 法人所得税に関するQ&A

---

**● Point ●**

　インドネシアでは，所得税法において法人および個人の所得税が規定されています。会計上の利益に調整を加えて課税所得を計算するため会計上の処理と税務上の処理の違いを押さえる必要があります。
　所得税法の詳細は，政令，大統領令，大臣令，国税総局長通達等によりますが頻繁に変更されるため，情報収集が重要です。

# Q35 インドネシアの税体系

インドネシアの税体系の概要を教えてください。

**Answer**

インドネシアでは，国税として所得税，付加価値税等が規定されているほか，地方税，関税・物品税などが規定されています。法人および個人の所得税は所得税法として規定されています。

インドネシアの税体系は以下のように形成されています。

<税体系>

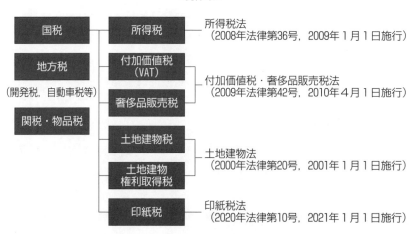

各種納税手続や罰則については，国税通則法により定められています。また各税の詳細については，政令，大統領令，大臣令，国税総局長通達により定められています。

日本のように法人税という税目はなく，所得税法において法人および個人の所得税が規定されています。

## 1 現地の実情

政令，大統領令，大臣令，国税総局長通達等が頻繁に出されるため，情報収集がとても大切です。

法律が発表されても施行令がないために実際には施行されないケースも多々あります。頻繁に変更され，かつ，施行に関しても不明確であることも多いため，現地企業としても即時対応するというよりは同業他社等の動きを見つつ対応する会社が多いのが実情です。

## 2 主要な税目は所得税および付加価値税

インドネシアの所得税は個人・法人の両方を対象にしています。日本のような法人住民税あるいは法人事業税のような税金はありません。

付加価値税は，日本で言えば消費税に似たタイプの税目です。インプットとアウトプットの差額を納付する点は消費税と似ていますが，月次申告が必要である点や，取引単位で専用の税務帳票が必要となる等，日本の消費税と相違する点もあります。

## Q36 インドネシアの所得税率（法人所得税率）

インドネシアの所得税率を教えてください。

### Answer

インドネシアの法人所得税の原則的な税率は2019年12月までは長らく25％でした。2020年における改正により2020年－2021年は22％，2022年から20％になる予定でしたが，2021年の国税規則調和法により，2022年以降も22％で据え置かれることが決定されています。なお，上場会社であれば軽減税率が適用される場合や，優遇税制等によって税率が軽減される場合ことがあります（優遇措置詳細については，Q57をご参照ください）。

## Q37 所得税法の体系

PPH〇〇という言葉をよく聞きますが，なんでしょうか。

**Answer**

PPH（ペー・ペー・ハー）はインドネシア語の所得税Pajak PengHasilan（所得税）の略語です。所得税法で規定される各種の処理について，PPH〇〇としての条文番号とその処理を表します。各企業における経理処理や仕訳明細・摘要にもこの記載がよく使われています。暗号のような記載ですが，一度覚えてしてしまえば処理内容も理解しやすくなります。

PPH 4-2（所得税法4条2項）：ファイナルタックス
PPH 21（所得税法21条）：個人所得に対する源泉税
PPH 22（所得税法22条）：輸入時などの前払所得税等
PPH 23（所得税法23条）：国内サービスに対する源泉税
PPH 25（所得税法25条）：所得税の月次予納
PPH 26（所得税法26条）：海外サービスなどに対する源泉税
PPH 29（所得税法29条）：年度申告による最終納税

## Q38 インドネシアの納税方式

インドネシアの納税方式について教えてください。

**Answer**

現在は申告納税方式が採用されています。税制の改正は頻繁に行われるため，税制改正に関する情報収集が重要となります。

以前は，賦課課税方式が採用されていました。賦課課税方式とは，納税額を税務署が決定する方式です。

その後，アメリカ型の税制を基礎として税制改正が行われ，現在は申告者の税務申告に基づく申告納税方式が採用されています。また，源泉徴収制度，予定納税制度が採用されています。

政令，大統領令，大臣令，国税総局長通達等が頻繁に出されるため，情報収集がとても大切であり，明確な規定がなく税務当局の裁量による部分も大きいため，注意が必要です。

## Q39 法人所得税の申告および納税について

法人所得税の申告および納税について教えてください。

### Answer

法人所得税の申告および納税は，原則として月次の予定納税および年末の確定申告により行います。期限までに納付しなかった場合には，ペナルティが課されます。

法人所得税の申告には，月次の予定納税および年末の確定申告があります。

月次の予定納税は，翌月15日までに納付し翌月20日までに申告を行います。月次予定納税額は，原則的に前課税年度の法人所得税総額から源泉徴収された税額，物品輸入時に支払った所得税額と外国所得税額等を差し引いた金額の12分の1です。

確定申告については，決算日後4ヶ月の月末までに申告し，申告日までに納付を行います。

<申告・納税スケジュール>

| 申告時期 | 申告の種類 | 申告および納税期限 |
| --- | --- | --- |
| 毎月 | 予定申告 | 翌月15日までに納付し翌月20日までに申告 |
| 年度末 | 確定申告 | 決算日後4ヶ月の月末までに申告し，申告日までに納付 |

　納付期限までに納付しなかった場合には，原則として未納付額に対して1ヶ月当たり，財務省によって決定される指標金利に5％を上乗せして12で割った税率を乗じて計算された延滞税が課されます。

　外資企業（PMA）の場合，事業所がジャカルタ以外にある場合でも法人所得税はPMA税務署に申告します。

<申告・納税に対するペナルティ>

| 違反内容 | ペナルティ |
| --- | --- |
| 期限までに納付しなかった場合 | 未納付額に対して1ヶ月当たり，財務省によって決定される指標金利に5％を上乗せして12で割った税率を乗じて計算された延滞税 |
| 申告書提出期限に遅延した場合 | 100万ルピアのペナルティ |

## 1　その他の申告および納税方法

　法人税は上記のように月次予定納税と年次申告納付以外にも，特定の収益に関して第三者によって源泉徴収された税金（所得税23条）および，特定の取引の前に支払われる法人税（例えば，輸入に関わる第22条所得税）があります。

　これら源泉徴収および法人税の前払については，収益を享受する側もしくは輸入者の当期の法人税債務の前払として年末に調整されます。

　課税年度中に前払した税金（第22条，第23条と第25条所得税）と海外で支払った税金（所得税24条）の合計額が，その法人税債務総額よりも少ない場合，会社は法人税申告の提出前にその差額を支払わなければなりません。その支払が第29条所得税となります。

## 2　現地の実情と対応

納付および申告書提出期限が近づくと，金融機関および税務署等関係施設は大忙しとなります。また，インドネシア人税務コンサルタントでも間違えることもあります。完全に任せきりにはせず，質問等を繰り返して確認するという態度で臨みたいものです。以上の理由からも，申告納税に対しては時間的余裕を十分にとって対応することをお勧めします。

## 3　申告の添付資料

申告の際には申告書とその関連資料のほかに，特別関係者取引にかかる報告書と監査済み財務諸表の添付が必要となります。

このうち，特別関係者取引にかかる報告書は，移転価格文書を作成する義務がない会社の場合でも，特別関係者と取引がある場合には作成が必要となります。またこの報告書には，法人代表者の署名および押印が必要とされており，特別関係者との取引が第三者間取引と同様の条件で行われていることを表明するものとなっています（移転価格税務の詳細は第5章移転価格税制参照）。

また，会計監査を受けている会社は申告書に監査済み財務諸表を添付しなければなりません。インドネシアでは外国投資企業は会計監査人による監査が義務付けられているため，日系企業の子会社は原則として申告書に監査済み財務諸表を添付する必要があることになります。会計監査の完了には一定の期間を有するため，重要な監査事項の発生等により監査に時間がかかる場合には，通常の申告期限内（期末日から4ヶ月以内）に申告することが難しい場合もあります。その場合は申告期限の延長（2ヶ月まで延長可能）等により対応する必要があります。

## Q40　納税義務者

インドネシアでの納税義務者の定義を教えてください。

> **Answer**

　法人・事業体・恒久的施設が法人税の納税義務者となります。インドネシア国内法上，恒久的施設に該当するか否か定められていますが，租税条約締結国の居住者に対しては租税条約が優先されます。

　法人税に関し，法人・事業体・恒久的施設については納税義務者となります。インドネシアで設立された法人・事業体は税法上の「居住者」として扱われ，全世界所得に対して課税されます。それ以外の法人・事業体は，税法上の「非居住者」として扱われます。

　税法上の「非居住者」は，インドネシアに恒久的施設（Permanent Establishment，以下PEという）を有する場合でも，非居住者として扱われます。非居住者については，そのPEに帰属する所得がある場合には，納税義務を負うことになります。

　インドネシア国内法上のPEの定義には，事業の管理の場所，支店，駐在員事務所，建設，据付，組立の工事現場，非独立代理人および外国保険会社の代理人等が定義されています。

　また，12ヶ月間に60日超の役務提供をした場合にもPEとして認定されます。租税条約締結国の居住者に対しては当該租税条約の規定が優先します。

## Q41　課税対象となる所得

　インドネシアにおいて法人所得税の対象となる所得の範囲を教えてください。

> **Answer**

　居住者であるか非居住者であるかにより課税の範囲が異なります。恒久的施

設を有する場合と有しない場合で取扱いが異なる場合があります。

　インドネシアで設立された法人・事業体は税法上の「居住者」として扱われ、全世界所得に対して課税されます。それ以外の法人・事業体は、税法上の「非居住者」として扱われ、インドネシア国内源泉所得に課税されます。

　インドネシア国内に恒久的施設（PE）を所有する場合、その有するPEに直接帰属する所得のほか、当該外国法人がインドネシア国内でその有するPEと同種類の事業活動、商品の販売、サービスの提供を行うことにより得た所得もPEの所得とみなして課税されます。

　ただし、日イ租税条約においてPEの所得は当該PEに直接帰せられる所得に限られると規定されています。

　また、外国法人でインドネシア国内にPEを所有しない場合は、インドネシア国内源泉所得が課税対象となり、税率20％の源泉徴収が行われます。ただし、日本・インドネシアのような租税条約締結国については、租税条約に従います。

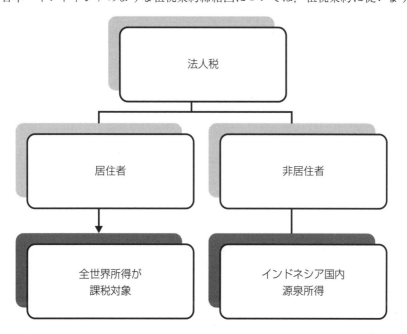

## 1 キャピタルゲイン

キャピタルゲインは通常の所得として法人税の課税対象となりますが，上場株式の譲渡所得については別途規定が定められています。

## 2 非課税所得

以下の所得については，非課税となります。
① 事業上の関係，または持分の所有関係のない者からの援助，寄附および贈与
② 内国法人が他の内国法人から受け取る留保利益からの配当金
③ 株式発行に際して生じた剰余金
④ 株式形態でないパートナーシップ，組合等のメンバーおよびミューチュアルファンドの参加ユニット保有者が受領する利益分配金

## Q42 課税所得の算定

インドネシアの課税所得の算定方法について教えてください。

### Answer

日本における法人税の計算と同様に会計上の利益に税務上の調整項目を加減算して課税所得を算定します。会計上の処理と税務上の処理の違いを押さえることが重要となります。

## 1 課税所得の算定構造

日本と同様インドネシアでも課税所得の算定にあたっては，一般に公正妥当と認められる会計基準に基づいて算出した利益を課税所得計算の基礎とし，税務上の費用計上が否認される損金不算入項目や過去に欠損が生じた場合に欠損を繰り越し，将来課税所得が発生した際に控除することができる項目である繰

越欠損金等の税務上の調整項目を加減算し，課税所得を算定します。

## 2　会計と税務の処理について

インドネシアの税務の処理は，原則として会計の処理に準じています。収益認識基準についても，基本的に会計上の収益認識時期と同様ですが，一部異なる場合もあります。一般的な例としては以下のような時点において収益認識をすることが考えられます。

・物品販売の場合
　→所有権または使用権が移転した時点において収益を認識する。
・役務提供（サービス）の場合
　→サービス完了時またはインボイス発行時のうち，いずれか早い時点において収益を認識する。

## Q43　損金不算入項目および益金不算入項目

企業会計上の費用であるが税務上の損金とならない費用および企業会計上収入となるが税務上益金とならない収益にはどのようなものがありますか。

### Answer

日本と同様，会計上の利益に損金不算入項目および益金不算入項目が加減算されます。税務上の取扱いは変更される可能性があるため，最新の取扱いを確認する必要があります。

原則として企業活動により生じた費用・損失は，課税所得金額の計算にあたり損金として認められます。しかしながら，特定の費用・損失については，損

金算入に限度額があるものや，損金算入が認められないものがあります。

損金として認められない主な費用は以下のとおりです。

1 株主・役員等の個人的支出
2 事業と関連しない寄附，贈答品や援助
3 一部を除く各種準備金・引当金の繰入額
4 所得税支払額
5 税務追徴金・ペナルティ
7 利益の分配
7 最終分離課税の対象所得に関連する費用
8 税金が免除される所得に関連する費用
9 パートナーシップのパートナーあるいは資本参加形態が株式によるものではない団体のメンバーが受領する給与

原則として企業活動により生じた収入・収益は，課税所得金額の計算にあたり益金となります。しかし，特定の収入・収益については，最終分離課税の対象または特別な課税制度により，益金算入されないものがあります。以下のものは，益金算入されない主な収入です。

1 銀行預金利息（20％最終分離課税）
2 土地，建物の賃貸収入（10％最終分離課税）
3 その他，特別な関係である企業間の受取配当金等
4 事業上の関係，株式等の所有関係のない者からの援助寄附および贈与

※ 最終分離課税についてはQ56をご参照ください。

## Q44 月次の予納制度と予納額の計算方法について

所得税法上の月次の予納制度の概要とその計算方法を教えてください。

#### Answer

インドネシアでは,早期に税金を徴収するために月次による予納制度が採用されています。月次の予納額を計算し,月次で支払いを行うことが求められます。

### 1 月次の予納制度の概要

予定納税制度は,できるだけ前倒しで税金回収を行うために採用された制度です。

月次の予納額は,以下のように計算します。

20X1年度税務上利益額 − (20X1年度中に偶発的に発生した損益 + 20X1年度中に発生した為替差損差益) = 修正20X1年度利益額 $X$

$X$ × 税率 = $Y$

$Y$ − (20X1年度中に支払ったPPH22 + 20X1年度中に源泉されたPPH23) = みなし20X2年度法人所得税 $Z$

$Z$ ÷ 12 = 20X2年度法人所得税予納月額

## Q45 有形固定資産の減価償却について

所得税法上の有形固定資産の減価償却について教えてください。

#### Answer

有形固定資産取得に要した支出のうち支出の効果が1年以上におよぶ場合には資産計上し,減価償却の計算ルールに従って減価償却を行う必要があります。

## 1 有形固定資産と償却計算のルール

有形固定資産とは，支出の効果が1年以上におよぶ資産をいい，減価償却費は以下のように定められた方法に従って計算します。

1 減価償却方法は，定額法あるいは定率法が選択できるが，建物は定額法のみが認められています。
2 一度選択した減価償却方法は，継続して適用しなければなりません。
3 定率法においては，残存価額は減価償却最終年度にまとめて償却します。
4 原則，減価償却は支払がなされた年度か，建設あるいは据付が完了した年度より開始されます。

## 2 有形固定資産の減価償却率

減価償却資産は，それぞれの耐用年数に応じてグループ1からグループ4までの4種類に分類されています。

グループ1は，耐用年数が4年以下の資産であり，償却率50%による定率法または償却率25%による定額法により減価償却を行います。グループ1に該当する資産としては，コンピュータ，プリンタ，スキャナー，木製設備，自動二輪，調理器具，食器，金型，公共輸送用自動車などがあります。

グループ2は，耐用年数が4年超8年以下の資産であり，償却率25%による定率法または償却率12.5%による定額法により減価償却を行います。グループ2に該当する資産としては，金属製家具・器具，エアコン，自動車，バス，トラック，コンテナ，農林・漁業・飲食・軽機械工業用の機械，建設機器，輸送用重車両などがあります。

グループ3は，耐用年数が8年超16年以下の資産であり，償却率12.5%による定率法または償却率6.25%による定額法により減価償却を行います。グループ3に該当する資産としては，採掘用機械，繊維・材木・化学・機械工業用の機械，重機器，他の分類に含まれていないその他の資産などがあります。

グループ4は，耐用年数が20年以上の資産であり，償却率10%による定率法または償却率5%による定額法により減価償却を行います。グループ4に該当

する資産としては，建設用重機器，機関車，鉄道車両，船舶，ドックなどがあります。

建物については定額法のみが認められ，耐用年数が20年以上の常設建物については5％定額法，耐用年数が10年の非常設建物については10％定額法により減価償却を行います。

減価償却についてまとめると以下のとおりとなります。

| 物的（有形）資産 | 耐用年数 | 定額方式（％） | 定率方式（％） |
|---|---|---|---|
| Ⅰ 非建造物 | | | |
| 　グループ１ | ４年 | 25 | 50 |
| 　グループ２ | ８年 | 12.5 | 25 |
| 　グループ３ | 16年 | 6.25 | 12.5 |
| 　グループ４ | 20年 | 5 | 10 |
| Ⅱ 建造物 | | | |
| 　恒久建造物 | 20年 | 5 | |
| 　非恒久建造物 | 10年 | 10 | |

| グループ | 有形固定資産 |
|---|---|
| グループ１ | 木製器具備品，オフィス機器，自動二輪等 |
| グループ２ | 金属製器具備品，空調機器，自動車等 |
| グループ３ | 産業用機械，中小型船，航空機等 |
| グループ４ | 建設用重機械，鉄道車両，大型船等 |

## Q46　無形固定資産の減価償却について

法人税法上の無形固定資産の減価償却について教えてください。

**Answer**

無形固定資産取得についても有形固定資産同様，減価償却の計算ルールに

従って減価償却を行う必要があります。

　無形固定資産を取得するために支出した費用でその効果が1年以上におよぶものは，その効果のおよぶ期間にわたって償却を行います。償却方法および償却率は，有形固定資産の場合に準拠して行います。

　なお，耐用年数は効果のおよぶ期間を基準に決定します。

| 非物的資産 | 耐用年数 | 定額方式（％） | 定率方式（％） |
|---|---|---|---|
| グループ1 | 4年 | 25 | 50 |
| グループ2 | 8年 | 12.5 | 25 |
| グループ3 | 16年 | 6.25 | 12.5 |
| グループ4 | 20年 | 5 | 10 |

## Q47　引当金の取扱いについて

　税務上損金と認められる引当金の取扱いについて教えてください。

### Answer

　会計上の引当金は，特定の場合を除いて損金不算入となります。例えば貸倒引当金について，会計上は引当金を計上する必要がある場合も，税務上は実際に貸倒の際に損金計上が認められ，貸倒引当金の損金計上は否認されます。

　会計上は，必要に応じて引当金を計上しますが，税務上は以下の特定の場合を除いて，引当金繰入額は損金不算入とされます。

### 1　貸倒引当金

　銀行等の金融機関の場合，中央銀行の基準による債権区分に応じて貸倒引当

金繰入額を損金算入することができます。

<金融機関の引当率>

| | 引当率 |
|---|---|
| 商業銀行 | 債権の状態により債権額の1％，5％，15％，50％，100％を引当 |
| 庶民信用金庫 | 債権の状態により債権額の0.5％，10％，50％，100％を引当 |
| 貯蓄貸付組合 | 債権の状態により債権額の0.5％，10％，50％，100％を引当 |
| 中央企業金融公庫 | 債権の状態により債権額の2.5％，5％，50％，100％を引当 |

　リース会社の場合も，リース債権の一部の貸倒引当金計上を認める規定があります。

　他業種においては，税務上は貸倒引当金の計上が否認され，実際に貸倒になったもののみが損金となります。

## 2　その他の引当金

　鉱山会社，森林事業会社，産業廃棄物処理事業会社や保険会社においては，損金算入が認められる場合があります。

## Q48　貸倒損失について

　インドネシアの税務上の貸倒損失の考え方について教えてください。

### Answer

　貸倒損失を損金とするためには一定の要件を満たす必要があります。要件を満たさない場合には税務上，貸倒損失を損金とすることができません。

　税務上，貸倒損失を損金とするには，以下3つの要件を満たす必要がありま

す。
(1) 会計上損失処理すること
(2) 貸倒債権リストを法人税年次報告書とともに税務署に提出すること
(3) 裁判所または債権管理・競売機構に債権者名および債権額を報告され，債権者と債務者が債権免除に関し書面にて合意している。債務免除の告知または債務者が債務の放棄を認識

1件当たり500万ルピア以下の貸倒損失については，(2)・(3)を省略することができます。また，債権者と債務者との間で公正証書により債務免除が合意された場合には，当該公正証書のコピーを援用することが可能であり，その際は，(2)と(3)は必要ありません。

## Q49 創立費・開業準備費・新株発行費

設立の過程において発生する創立費・開業準備費・新株発行費の処理について教えてください。

### Answer

創立費については繰延経理もしくは一括損金経理，開業準備費については発生年度の損金，新株発行費は発生年度の損金として処理されます。

それぞれの処理については以下のとおりとなります。

### 1 創立費

定款作成費用等の会社設立のために直接必要とした支出は，税務上，繰延経理または一括損金経理が認められます。

## 2　開業準備費

開業準備費は，会社設立後開業までに支出された費用であり，オフィス等の賃借料，支払利息，従業員の給料等で開業までに支出された費用が該当します。開業準備費は，会計上，税務上ともに発生年度の費用として処理されます。

## 3　新株発行費

新株発行の際に発生する費用については，会計上税務上ともに発生年度の費用として処理されます。

## Q50　リース

リース取引について，借り手側と貸し手側の処理についてそれぞれ教えてください。

### Answer

リース取引については，借り手側か貸し手側かにより処理が異なります。それぞれの処理については下記をご覧ください。

### 1　リース（借り手側）

会計上は，短期及び少額リースを除き，原則として全てのリース・賃借・レンタルは固定資産（使用権資産）として計上され，自社所有の固定資産と同様に減価償却により費用化されます。税務上は支払リース料が損金となります。最低リース期間が資産の種類に応じて2〜3年または7年と定められています。

### 2　リース（貸し手側）

会計上のファイナンスリースの要件を満たす場合は，資産の売却として処理されます。税務上も会計に準じて処理を行います。

---

**コラム**

### リース

　リースやレンタルは，会計上は原則として自社が保有する資産と同じように耐用年数にわたって規則的に償却されることになります。一方で固定資産のリース・レンタルにかかる支払は基本的に税務上も費用として認められます。リースの契約内容によっては各期の支払金額が異なるものもあり，この場合リース期間全体での費用額は同じになりますが，各期での税務上の費用の金額が異なるため，課税所得の計上額と対応するように設計されることで節税対策として利用されている場合があります。

---

## Q51　欠損金の繰越し・繰戻し

　税務上の欠損金は繰越しが認められますか。認められるとすれば，最長何年まで繰越しすることが認められますか。また，繰戻しは認められますか。

### Answer

　欠損金の取扱いについては以下のとおりとなります。

　欠損金は，最高5年間の繰越しが認められます。特定の地域の特別に指定された事業または，特定の税務優遇措置を受けることができる場合には，欠損金の繰越しが最高10年間まで延長されます。

　欠損金の繰戻しは認められません。

## Q52 交際費および寄附金

交際費および寄附金については損金として認められますか。

**Answer**

交際費について，業務上の必要性等の要件を満たす場合には，損金算入が認められます。また，寄附金については事業との関連性が求められます。

交際費に関しては，業務上必要な支出であり，必要な記録を適切に行っている場合は，認められます。寄附金に関しては，原則事業に関連しない寄附金は損金不算入となります。

会食を伴うなどの接待交際費については，業務上必要でありかつ日時・支払先・内容・接待対象者（氏名，会社名，役職）を一覧表化して法人所得税申告書に添付する場合は，損金として認められます。

## Q53 厚生費

厚生費については損金として認められますか。

**Answer**

インドネシアでは損金として認められる厚生費は「会社の維持のための厚生的性格で必要最低限のもの」と定められています。以下の費用については現物支給を前提として損金算入が認められています。日本で認められている全従業員を対象とした社員旅行，レクリエーション費用は損金として認められません。

・全従業員を対象とした職場で支給する飲食物

・作業場の安全上の問題から支給する作業服等
・従業員の通勤バス費用

---

**コラム**

### 車両関連費用

　固定資産の償却費は事業に関連した資産に関して税務上の費用として認められます。ただし車両関連費用については留意が必要です。会社にとっては，会社が保有する車両は全て業務のためであり，事業に関連した資産であると考えるのが普通なのですが，税務当局はそのようには考えてくれません。取締役の営業車両のセダンについてはその費用性が否認されることがあります。このため一般的には取締役のセダンは自己否認，トラック以外の営業車両は50％を費用否認することが行われています。皆様の会社で一部の車両の償却費が加算調整されている場合には過去の税務調査による更正の結果かもしれません。

---

## Q54　配当に関する税務

配当に対する税務上の取扱いについて教えてください。

**Answer**

　現地企業が支払う配当について，受領者が「居住者」「非居住者」の別によって，以下のとおり源泉税が課されます。

### 1　受領者が「居住者」の場合

　雇用創出オムニバス法の施行により，インドネシア居住者である法人納税者に支払われる配当金については無条件に配当金に対する源泉税が非課税となりました。また個人納税者に支払われる配当金については，当該配当が一定期間

インドネシアにおいて投資されることを条件に配当金に対する源泉税が非課税となる等，配当金に対する非課税対象範囲の拡大が行われました。

## 2　受領者が「非居住者」の場合

海外の非居住者に支払われる配当金には，適用される租税条約でより低い税率が定められている場合を除き，20％の最終分離課税が課されます。

なお，日イ租税条約が適用が認められる場合は，インドネシア法人の株式を25％以上所有する場合は10％（25％未満の場合は15％）へと最終分離課税が減免となります。

## Q55　源泉徴収制度について

源泉徴収制度の概要を教えてください。

### Answer

インドネシアでは確実な徴税のため，様々な源泉徴収が定められています。支払い側に徴収義務が生じるため，対価の支払い時には徴収漏れがないよう注意する必要があります。

様々な源泉徴収が行われる点がインドネシア税制の特徴です。特定の所得項目に源泉税が課される場合，一般に，支払側に税金源泉徴収もしくは徴収する責任があります。

### 1　個人所得税：PPH21

雇用主は，従業員に支給する給与から一定の所得税率に基づき，源泉徴収をして納税する義務があります。財務大臣より許可された年金基金についても年金支給額から一定の所得税率に基づき源泉徴収する義務があります。従業員等

の納税者が納税者番号を取得していない場合，通常の税額に当該税額の20％相当額が加算されます。また，弁護士，会計士等の個人の職業的専門家へのサービス料の支払いに対しても源泉徴収されます。源泉徴収額は，個人が個人所得税を支払う上での前払税金となります。

## 2　輸入の際の源泉所得税：PPH22

　主に物品を輸入する場合に，法人所得税の「前払」として納税します。物品の輸入に際しては，CIF価格と輸入関税合計金額の2.5％（輸入ライセンスがない場合には7.5％）を自己の法人税の前払いとして納税する必要があります。また，国営企業への商品販売については販売価格の1.5％が源泉徴収されます。納税者番号を取得していない場合，当該税額の100％が加算されます。

## 3　国内居住者へのサービスに対する源泉税：PPH23，PPH 4 − 2

　内国法人やPEを有する外国法人，駐在員事務所および指定された個人は，他の国内の居住者への特定の所得の支払いをする際に源泉徴収する義務があります。源泉徴収金額は，源泉徴収された居住者の法人税もしくは所得税の一部前払いとして税額控除できます。

　利子，ロイヤルティ，懸賞金および賞金については15％の源泉徴収をする必要があります。土地・建物以外のレンタル，テクニカル・マネジメントサービス，コンサルティングサービス，デザインサービス，記帳代行，備付けサービス等については2％の源泉徴収をする必要があります。

　土地・建物の賃借料については，賃借料の支払時に10％の源泉分離（最終分離課税）により課税関係が終了します。

| 内　容 | 税　率 |
|---|---|
| 配当，利子，ロイヤルティ，懸賞金および賞金 | 15% |
| 土地・建物以外のレンタル，テクニカル・マネジメントサービス，コンサルティングサービス，デザインサービス，記帳代行，備付けサービス等 | 2% |
| 土地・建物の賃借料 | 10%の源泉分離 |

## 4　海外非居住者へのサービスに対する源泉税：PPH26

　インドネシア国内同様，内国法人やPEを有する外国法人，駐在員事務所および指定された個人は，他の非居住者への特定の所得の支払いをする際に，受益者に代わって20%の源泉税を徴収する義務があります。

　また，非居住者による未上場株式の売却には，譲渡価格の5%が源泉徴収されます。

| 内　容 | 税　率 |
|---|---|
| 配当<br>プレミアム，割引，ローン保証料を含む利子<br>ロイヤルティ，資産使用に関するレンタル料およびその他の収入<br>サービス等に対する報酬<br>懸賞金および賞金<br>年金およびその他の定期的な支払<br>スワップ，その他のヘッジ取引<br>債務免除益<br>PEの法人税引後利益 | 20% |
| 未上場株式の売却 | 譲渡価格の5% |

　なお，日本はインドネシアと租税条約を締結しているため，利息，配当，ロイヤルティ，支店の税引後利益については，下記のような軽減税率が適用されます。利息について，税率は10%が上限とされていますが，政府系銀行からの借入利息については，税金が免除されます。配当金について，子会社株式の保有割合が25%以上の場合には10%，子会社株式の保有割合が25%未満の場合には15%の税率が適用されます。

| 内　　　　容 | 税　率 |
|---|---|
| 利息 | 10％／0％ |
| 配当 | 10％／15％ |
| ロイヤルティ | 10％ |
| 支店の税引後利益 | 10％ |

---

**コラム**

### 源泉徴収および予納と還付ポジションについて

　インドネシアでは源泉徴収の対象が広く，かつ複雑な制度となっています。取引の内容によって自己申告で納税しなければならず，処理を誤れば恰好の更正の対象となってしまいます。特に輸入の際の源泉所得税（PPH22）については本来は所得税の課税対象とならないような仕入取引について，法人税を前払いさせるような設計であり，なかなか納得することが難しい制度といえるかもしれません。納得できるかどうかは別としても，海外，特に日本から高品質の材料・部品を輸入する製造業ではこの輸入の際の源泉所得税はかなりの高額な前払法人税として累積されることになります。また，月次予納による前払（Q44参照）もあるため，さらに金額が膨らむことになります。最終的にこの前払法人税がその年度の納税額を上回っている場合には還付申請となるのですが，この還付申請にはもれなく税務調査が義務付けられていることから留意が必要です。この税務調査の結果，還付金額が全額認められることはまれであり，更正によって大きく減額されてしまう覚悟が必要なのが実情です。本来は還付であったはずが，税務調査により3倍の金額の未払税金となってしまったという笑えない話もあるほどです。

## Q56 最終分離課税（ファイナルタックス）について

最終分離課税の概要を教えてください。

### Answer

最終分離課税はファイナルタックスと呼ばれる課税制度であり，日本の源泉分離課税に近い制度です。当該課税が最終の課税となり，その後は課税されません。この課税は取引額の総額に対して取引の内容に応じて一定税額が課税されます。ファイナルタックスに該当する取引は法人所得税の課税所得の計算からは除外されます。ファイナルタックスの対象の一例である土地取引の売買では取引額も大きいことから，売却によって利益が出ない場合でも高額の課税がなされる点に留意が必要です。

預金等の利子，宝くじの当選金，株式売却，土地売却等に対して最終分離課税されます。

| 内　容 | 税率 ||
|---|---|---|
| | 居住者 | 非居住者＊3 |
| 社債利子 | 15% | 20% |
| 国内銀行からの利子 | 20% | 20% |
| 宝くじの当選金 | 25% | 20% |
| 株式売却 | 売却額の0.1% | 売却額の0.1% |
| 配当 | －＊1 | 20% |
| 土地建物の売却 | 1%／2.5%＊2 | － |
| 土地建物のレンタル | 10% | 20% |

＊1　個人納税者に支払われる配当金については，当該配当が一定期間インドネシアにおいて投資されることを条件に，配当に対する源泉税が非課税になります。
＊2　土地建物の販売を主な事業とする者の場合には1％，その他の場合には2.5％。
＊3　非居住者については租税条約による。

## Q57 優遇税制

アジア諸国などの新興国では，数多くの優遇税制が存在します。インドネシアでは，どのような優遇税制がありますか。

### Answer

#### 1 会社設立時および工場増設時における輸入関税・付加価値税の免除

以下に記載した会社設立時及び工場増設時の機械や原材料の輸入時には，関税および付加価値税が免除されます。

(1) 製造業のほか，特定のサービス業（観光・文化・運輸・通信等）に従事する会社を設立する際に必要な機械の輸入
(2) (1)の免除を受けた製造業（自動車組立業を除く）について，生産能力の2年分の原材料の輸入
(3) 製造業，特定のサービス業の会社が生産能力を30％以上増加させるために必要な機械（スペアパーツを除く）の輸入
(4) (3)の免除を受けた製造業（自動車組立業の除く）で生産能力が30％以上増加する場合，追加生産能力の2年分の原材料の輸入

免除期間は免除の決定から2年間とされています。また，企業が使用する機械総額の30％以上が国産機械である場合には，4年間の生産に必要な，あるいは追加生産に必要な輸入材料の輸入税は4年間免除されます（製造業のみ）。

#### 2 特定の投資に対する法人所得税の一時免除

以下のパイオニア産業に投資を行う企業に対して，投資額に応じて商業生産開始から5年から20年の間，法人税を50％または100％減額するものです。また，免除期間経過後，さらに2年間25％または50％の減額が与えられる場合もあります。

a）投資額1,000億ルピア以上5,000億ルピア未満：商業生産開始から5年間50％減額
b）同5,000億ルピア以上1兆ルピア未満：同5年間100％減額
c）同1兆ルピア以上5兆ルピア未満：同7年間100％減額
d）同5兆ルピア以上15兆ルピア未満：同10年間100％減額
e）同15兆ルピア以上30兆ルピア未満：同15年間100％減額
f）同30兆ルピア以上：同20年間100％減額
・対象となるパイオニア産業
　四輪車部品，スマートフォン部品，コンピュータ部品，船舶部品，航空機部品，鉄道部品，医薬品原料，上流金属産業，石油化学，基礎科学等の18分野

## 3　特定業種・地域への投資に対する法人所得税の優遇措置

特定の事業分野および特定の地域限定の事業分野については，以下の法人所得税の優遇措置があります。

(1) 投資額の30％相当額を，年5％ずつ6年間にわたり課税所得金額から控除
(2) 有形，無形固定資産の加速度償却（耐用年数を通常の2分の1に短縮）
(3) 海外の株主への配当金に課される税率が10％に軽減（ただし，租税条約が定める税率がこれより低い場合はその率を適用）
(4) 税務所の欠損金の繰越期間（通常5年間）を以下の条件を一つ満たすごとに1年間延長可能（最長10年間）

＜条件＞
① 工業地帯・保税地区での新規投資（1年延長）
② 新／再生エネルギー分野での投資（1年延長）
③ 地域の経済・社会インフラに100億ルピア以上の投資（1年延長）
④ 投資後2年目から国内原料を70％以上使用（1年延長）
⑤ 300人以上のインドネシア人労働者を追加雇用して4年以上継続（1年

延長），600人以上の追加雇用を4年以上継続（2年延長）
⑥ 5年以上，総投資の5％について研究開発費支出（2年延長）
⑦ 保税区外に所在する場合で総売上の30％以上の輸出（2年延長）

## 4 保税地区内での輸入関税等の免除

保税地区に立地する企業は，原材料や資本財等の輸入にかかる関税が免除され，その他輸入に係る諸税（付加価値税等）も徴収されません。また，保税区域内の企業から区域外の下請工場に加工に出す場合及び加工後に製品を引き取る場合のいずれも，付加価値税等が免除されます。

なお，輸出額等の金額の前年実績額の50％を限度として，正規の輸入手続を踏んだ上で，国内向けに販売することができます。さらに，国内の保税区域内の他企業に製品を全量供給することもできます。この際，輸入手続は不要で，付加価値税等が免除されます。

## 5 自由貿易地域（FTZ）および経済統合開発地域（KAPET）

自由貿易地域（FTZ）および経済統合開発地域（KAPET）に所在する企業には特定の優遇税制が定められています（詳細はQ125をご参照ください）。

## Q58 無形固定資産等に対する支出

無形固定資産等に対する支出に関する，損金算入のための要件や実務上の取扱いについて教えてください。

### Answer

無形固定資産等に対する支出については，税務上否認されるリスクが存在するため注意が必要です。

インドネシアにおけるロイヤルティや技術料等の無形固定資産等に対する支出に関しては，税務上否認される事例が少なくありません。これらの支出が損金算入されるためには，前提としてインドネシア現地法人に便益をもたらすものである必要があります。ただし，インドネシアでは移転価格に関する法律や文書等の整備が遅れていたため，証拠書類が不足している場合にはそれを証明することができず，全額否認される場合がありました。否認された支出に対して不服申立や税務裁判を行っている企業もありますが，現在も結果が出ていない事例が多く，また，裁判の勝率も半々といったところが現状のようです。

2010年頃からは移転価格に関する文書の整備が進み，税務上全額が否認される事例は少なくなりました。現在では，移転価格調査のガイドライン（PER-22）にて，企業が移転価格調査の際に作成すべき書類のフォームが提供されています。また，提出が要求された場合には，要求から7稼働日以内に提出する必要があります。なかには情報の入手が難しい内容もあるため，専門家への相談および指導の下での対応が必要と考えられます。記載すべき内容についてはQ65をご参照ください。

上記書類の整備と同時に，ロイヤルティ等に関する契約書を作成し，目的や取引内容，金額等を明記しておく必要があります。

日系企業では，税務調査が入る際にこれらの書類を作成することが多いようですが，現在でも無形固定資産等に対する支出が税務上否認されるリスクは存在するため，各企業においては書類の整備を早期に行うことが望ましいと考えます。

## Q59 連結納税制度

インドネシアでは連結納税は認められていますか。

### Answer

インドネシアには連結納税制度はありません。インドネシア法人が子会社を有している場合には各法人単位で完結した申告・納税を行わねばならず，損益通算等を行うことはできません。

## Q60 過少資本税制

負債資本比率にかかる規則について教えてください。

### Answer

過少資本税制（No.169/PMK.010/2015）は，2016年に発効し，全ての法人納税者に対する負債資本比率（Debt Equity Ratio：DER）の上限値を4：1と定めています。ただし，当該上限値は，銀行，保険，石油・ガス，およびインフラ業界の納税者には適用されない場合があります。なお，DERの計算上，短期負債および運転資本ローンは「負債」に，無利息ローンは「資本」にそれぞれ区分されます。

納税者が4：1のDER上限値に抵触した場合，国税総局（Directorate General of Taxes：DGT）は，課税所得計算のため，納税者の負債にかかる借入れ費用を再計算することができるようになります。借入れコストは4：1のDERを基準として調整されます。すなわち，資本がゼロまたはマイナスの納税者は，借入れコストのすべてを損金算入できなくなります。なお，借入れコストの定義には次の費用が含まれています。

・支払利息
・借入金にかかる割引およびプレミアム
・資金調達コスト

・保証コスト
・異なる外国為替での借入金返済による為替差益または為替差損

　また，日本からの親子ローンのような海外プライベートローンを保有する納税者は，当該ローンの詳細をDGTに報告する義務があります。報告義務に違反した場合は，海外ローンにかかる全ての借入れコストが損金算入できなくなります。

---

**コラム**

### インドネシアにおけるデットエクイティスワップ
(Debt Equity Swap：DES)

　日本でも債務超過等の際に財務体質の健全化するための方法の一つである債務の株式化（デットエクイティスワップ）はインドネシアでも実施可能です。ただし，実際にDESを実施してしまうと，税当局による更正を受けてしまう可能性があることに留意が必要です。DESでは債務と同額の株式が発行されることになりますが，インドネシア当局はこの株式の発行に際して株式の時価の適切性についてチャレンジしてくる場合があります。DESを実施する際に株式の時価評価を行うことはまれですので，チャレンジされた場合には時価について主張することができず，当局の評価に対して抗弁することができなくなってしまいます。このため，DESを実施するのであれば，税務リスク回避のため，実際に資金を動かして増資及び借入金を返済する「疑似DES」も行われています。

---

## Q61　タックスヘイブン対策税制

　**外国子会社合算税制**（Controlled Foreign Corporation Rules：CFC税制）について教えてください。

### Answer

　CFC税制は，一定の要件を満たす外国関係会社（Controlled Foreign Corporation：CFC）にかかるCFC所得を，インドネシア法人納税者の課税所得に含めるものです。

　CFCとは，インドネシア法人納税者が単独または他の居住者と共同で発行済株式の50％以上を保有する非上場の国外法人，つまりインドネシア法人が海外子会社を持っている場合の海外子会社がこれにあたります。

　CFC所得とは，株主であるインドネシア法人納税者の法人税申告書に，みなし配当として含める所得で，以下の5種類の受動的な性質の所得に限定されています。当該取扱いは，2019年度から適用されていますが，従前はCFCの帳簿上の全ての所得が含まれていました。

- 配当収入（他のCFCから受領した配当は除く）
- 利息収入（銀行セクターに従事するCFCが獲得した利息および第三者からの利息は除く）
- 賃貸収入：
   - 土地または建物
   - 土地/建物以外の資産（関連者向け貸付）
- ロイヤルティ収入
- 受動的な資産の売却または譲渡による利益

　みなし配当の計算では，総収入から，CFC所得の各タイプに関連する費用および未払/支払税を控除します。また，CFCが全体として損失を計上した場合であっても，個別の純利益計算は特定の種類の収入ごとに行われるため，みなし配当が発生する可能性があります。

## Q62　組織再編税制

当社グループは全世界的にグループ再編を進めており，インドネシアも対象になっています。企業再編を行った場合の税制について教えてください。

**Answer**

インドネシアでは，税法上，事業合併や資産譲渡は通常は，譲渡する資産および負債に対して時価評価を行う必要があり，時価評価により生じたキャピタルゲイン（資産譲渡益）があれば課税対象となります。

ただし，国税総局長（DGT）からの承認を得ることができれば，譲渡対象となる資産および負債を税務上の帳簿価額で譲渡することが認められ，この場合にはキャピタルゲインは発生しません。この承認を得るための申請は，合併の効力発生日から6ヶ月以内に行わなければなりません。

また，DGTからの承認を得るためには，事業目的テストを行い，必要条件を達成することが必要です。必要条件には，例えば合併存続会社は合併効力発生日から起算して最大5年間は合併消滅会社の事業を継続することや合併効力発生日から2年間は合併存続会社の資産を移転（譲渡）できないことなどがあげられます。税務上の帳簿価額での譲渡が認められる合併の場合であっても，消滅会社の繰越欠損金は存続会社には引き継ぐことはできません。

なお，インドネシアにおける組織再編税制にあたり，キャピタルゲイン課税以外にも，付加価値税，土地建物の権利取得税（BPHTB），土地および建物の譲渡にかかるファイナルタックスや源泉税などが課税される場合がありますので，事前に会計事務所に相談されることをお勧めします。

## コラム

### タックスアムネスティ

　インドネシアでは国内外における申告漏れ資産の捕捉による税収アップを目的として2016年3月から2017年6月にタックスアムネスティ（租税特赦）が行われました。これは従来申告されていなかった所得および資産について，上記の期間に申告することで本来課せられる罰則等が免除され，より低い税率で納税できることに加え，過去の期間について税務調査の対象外となる特典を受けられるものです。本来は主に海外の申告漏れ資産の捕捉が主な目的だったのですが，後者の恩典のために多くの国内のローカル企業がタックスアムネスティを適用しました。一方で本来は税法違反である申告漏れを認めるものであることから，コンプライアンス上問題を有していると見なされることを懸念して，タックスアムネスティ申請に躊躇する日系企業も少なからずありました。タックスアムネスティの効果により，その対象期間は税務調査が対象外となるため，タックスアムネスティを適用しなかった企業に今後，税務調査が集中するのではないかという懸念があります。

　また，2021年の国税規則調和法において，2022年1月から2022年6月までに第2次タックスアムネスティの実施が決定されています。

　ちなみに，タックスアムネスティを適用し，あらたに税務上の簿外資産を申告した場合には，会計上もタックスアムネスティにかかる資産が計上され，純資産に当該資産の評価益が計上されることになります。このタックスアムネスティによる資産の評価益は当該資産が売却・処分された後もずっと計上され続けます。

# 第5章

# 移転価格税制

---

● Point ●

インドネシアの法人税調査において,近年は移転価格が更正事由のトップになっています。税務調査を念頭に置いて,適時に移転価格文書を作成するとともに,証拠資料を準備することが肝要です。

## Q63 移転価格税制

移転価格税制の概要について教えてください。

**Answer**

移転価格税制は，関連者間での取引を独立企業間価格（Arm's Length Price：ALP）で行うことを要求するものです。例えば，メーカーである日本の親会社から，販売会社であるインドネシア子会社に製品を販売する場合，ALPが100円であるにもかかわらず，製品を110円で販売したときは，インドネシア国税総局の観点からは，差額である10円の所得がインドネシアから日本に移転したとされ，更正される可能性があります。

グローバル企業による国境を越えた過度の節税が注目を集める昨今では，各国における税源浸食と利益移転（BEPS）を防止するためOECD（国際経済協力機構）においてその対策に向けて行動計画が策定されています。インドネシアでもこの行動計画に対応しており，2016年には財務大臣規則2016年第213号（PMK-213）が施行されています。これによりインドネシアは世界に先駆けて納税者に移転価格文書（マスターファイルおよびローカルファイル）の整備を義務化しました。近年，移転価格調査の結果，追徴税額が多額になる傾向があり，移転価格文書で自社の移転価格に関するポジションを適切に記述することが肝要です。また，移転価格課税のリスクが比較的大きい場合には，事前確認制度を活用し，独立企業間価格の算定方法等について合理性を税務当局と事前に合意しておく等の手続を講じて，課税リスクを低減することも選択肢に含める必要があるといえます。

移転価格税制の経緯は以下のとおりです。歴史は浅いもののOECDの移転価格ガイドラインに準拠した内容となっており，2010年および2011年に制定された国税総局規則PER-43およびPER-32（更新版）が移転価格税制として規定さ

れています。一方，移転価格調査については，国税総局規則PER-22および国税総局通達SE-50が2013年に規定されています。

| 年 | 法　　令 |
|---|---|
| 2009 | －改正所得税法（2009年1月1日発効）18条において移転価格条項を規定<br>－PER 39—関連者間取引書式の開示にかかるガイダンス |
| 2010 | －PER 43—移転価格実施規定および内部実務指針（S153）<br>－PER 48—相互協議（MAP）ガイダンス<br>－PER 69—事前確認（APA）ガイダンス |
| 2011 | －PER 32—PER 43の改訂<br>－GR 74—課税にかかる実施規定 |
| 2012 | －S479—文書提出にかかるガイダンス |
| 2013 | －PER 22—関連者間取引にかかる調査ガイドライン<br>－SE-50—移転価格調査ガイダンス |
| 2014 | －PMK-240—MAP実施規定 |
| 2015 | －PMK-07—APA実施規定 |
| 2016 | －PMK-213—関連者と取引を行う納税者が維持する義務がある追加的な文書および情報の種類とその手続にかかるガイダンス |
| 2017 | －PER-29—国別報告書実施規則 |
| 2019 | －PMK-49—MAP実施規定（PMK-240）の改定 |
| 2020 | －PMK-22—APA実施規定（PMK-07）の改定<br>－PER-16—PMK-49の細則<br>－PER-17—PMK-22の細則 |

## Q64　関連者と対象取引

移転価格税制が適用される関連者と対象取引について教えてください。

### Answer

### 1 関連者の定義

関連者は特殊の関係にある者であり,所得税法18条4項において,法人の場合,以下の①から④までが特殊の関係とされています。日本の場合,出資比率基準は50％以上であるので,日本で移転価格税制の適用対象外であっても,対インドネシア取引については留意する必要があります。

① 25％以上の出資・被出資関係（直接または間接）
② 25％以上の兄弟会社関係（直接または間接）
③ 実質支配している関係
④ 同一の者によって実質支配されている2者以上の間の関係

### 2 対象取引

移転価格規則（PER-43）2条2項において,関連者と行う以下の①から⑤までが対象取引とされています。有形・無形資産の売買,移転等の取引に広範に適用されることについては,OECDガイドラインや日本の移転価格税制とも同様ですが,インドネシア国内の取引も対象となる点（インドネシア国内の親子会社間,兄弟会社間等の取引も対象となる）に留意が必要です。

① 有形資産または無形資産の販売,移転,購入または取得
② 有形資産または無形資産の提供若しくは利用から生ずる賃貸料,ロイヤルティまたはその他の対価
③ 役務の提供または利用に係る収入または費用
④ 費用配分
⑤ 金融資産の引渡し若しくは取得,または金融資産の引渡し若しくは取得から生ずる収入または費用

## Q65 移転価格文書化

移転価格税制の文書化について教えてください。

### Answer

財務大臣規則PMK-213では、文書化要件（適用対象者）、移転価格文書の種類、記載内容、作成時期および提出時期について規定されています。

### 1　文書化要件

PMK-213の適用対象者は、以下の要件のいずれかに該当すれば、適用対象者になります。

- 対象年度において関連者取引を行っており（金額は問いません）、かつ前年度の総収入が500億ルピアを超過するインドネシアの納税者
- 対象年度において関連者取引を行っており、前年度に以下の価格の関連者取引を行ったインドネシアの納税者
  ① 200億ルピア超の有形財取引または
  ② 50億ルピア超の役務提供、利払い、無形資産の利用または他の関連取引（取引種類ごとに判定）
- 対象年度において、所得税率がインドネシアの法人税率未満の国または地域に所在する関連者と取引を行うインドネシアの納税者

### 2　移転価格文書の種類

PMK-213の対象者は、以下の移転価格文書を作成する必要があります。

- マスターファイル（グループ全体の事業についての広範な情報の提供）
- ローカルファイル（インドネシアの納税者にかかる情報の提供）
- 国別報告書（グループの財務状況等にかかる国別情報の提供）

なお、これらの移転価格文書はインドネシア語で作成する必要があることに

留意が必要です。

　また，国別報告書については，本社が日本の国税庁に提出している場合など，インドネシア税務当局に対し報告書自体の提出は不要であることが多いといえますが，国別報告書に関する通知書を専用サイトにて電子申告により提出する必要があることに留意が必要です。

## 3　移転価格文書の記載内容

　マスターファイルに記載すべき項目は次のとおりです。
- 資本構造，資本関係図，および事業グループの各メンバーが所在する国・地域
- 事業活動の内容
- 保有する無形資産
- 金融および資金調達活動
- 親会社の連結財務諸表および関連者間取引にかかる税務情報

一方，ローカルファイルに記載すべき項目は次のとおりです。
- 遂行した事業活動の特定
- 実施した関連者間取引および非関連取引の情報
- 独立企業原則の適用
- 財務情報
- 価格や利益水準に影響を及ぼす非財務的事象・出来事・事実の有無

　なお，上記は大枠であり，詳細はPMK-213のAppendix CおよびDを参照する必要があります。

## 4　作成時期と提出時期

　マスターファイルおよびローカルファイルはインドネシア法人の事業年度末後4ヶ月以内に利用可能でなければなりません。そのため，インドネシアの移転価格税制の適用対象者は，事業年度末後4ヶ月以内には作成しておく必要があります。移転価格文書自体の提出は，税務申告の際には必要ありませんが，

法人税申告書に添付が義務付けられる経営責任者（または財務責任者）による宣誓書（要約フォーム：Ikhtisar）に，移転価格文書の記載内容の確認と利用可能となった日（作成日）を明記しなければなりません。なお，文書化義務の4ヶ月の期限は通常の税務申告期限である4ヶ月と同じ期間です。税務申告は2ヶ月の延長が認められています。申告を延長した場合の宣誓書の作成期限は，同様に延長されると解されています。

移転価格文書の提出については，税務調査において，税務当局からの要求があった場合に提出することになっており，税務当局から正式な要求があった日から最長30日以内に，移転価格文書を提出しなければなりません。

## Q66 移転価格調査

移転価格調査について教えてください。

### Answer

移転価格は法人所得税課税の理由のトップであり，2013年の移転価格調査ガイドライン（PER-22/SE-50）に基づき，近年増加しており，金額が非常に大きくなるのが特徴です。移転価格文書が税務調査に耐えうるものか，移転価格のポジションを一貫して主張できるかという点が非常に重要です。移転価格課税の更正事例の主なものは以下のとおりです。

### 1 グループ内役務提供やロイヤルティ取引の実態・便益の否認

海外に支払うサービスフィーやロイヤルティは，目に見えない取引であるため最も否認されやすい項目です。サービスや無形資産を実際に受領したのか，いつ，誰が，誰から，何を，どのように受領したか，どのような便益が支払い側にもたらされているかを明確に回答できるようにしておく必要があります。

## 2　納税者が選定した比較対象企業の否認

　これは，移転価格の更正理由で最も多い課税方法です。比較的簡単に多額の課税が可能であるため多用されていると考えられます。移転価格文書において自らの関連取引が独立企業間価格で行われたことを複数の独立した企業の利益水準を参照することで主張するために納税者が選定した企業を比較対象企業といいます。例えば，その比較対象企業のうち利益率の低いものを除外すれば，修正後の独立企業間利益率レンジは上がり，結果として納税者の実績値がレンジを下回り，それを修正後のレンジの中位値まで更正するというものです。

## 3　移転価格算定方法に関する論争

　移転価格算定方法（Transfer Pricing Method：TPM）については，取引単位営業利益法（Transactional Net Margin Method：TNMM）・再販売価格基準法（Resale Price Method：RP法）・原価基準法（Cost Plus Method：CP法）・独立価格比準法（Comparable Uncontrolled Price Method：CUP法）等の複数の方法があり，納税者は自己の事業やグループにおける機能，その他の事情を勘案して適切な方法を選定します。これに対して，例えば納税者の主張がTNMMであるときに，国税総局は更正につながる他のTPMを検討し，更正額が大きくなるCUP法を適用するというものです。

## 4　損失調整の否認

　例えばスタートアップなど稼働率が低い場合など限定的な状況で認められる場合を除き，損失調整は一般に否認される傾向にあります。しかしながら，COVID-19の影響が多大で特別であることから，ローカルファイルにおいて状況をしっかりと説明するとともに，財務上の影響額を算定し，その影響を除外した修正損益を検証する等の分析が必要といえます。

## 5　マーケティング費用の否認（または他の関連者への別途請求を主張）

　マーケティング費用は，過大な場合は否認される可能性があります。あるい

は，ブランド所有者が負担すべきであり，請求すべき等の主張をされることがあります。また，過大なマーケティング費用の負担は無形資産（例：商標）の形式に貢献している活動とみなされ，別途商標ロイヤルティを支払っている場合は，当該ロイヤルティを否認されるリスクがあると考えられます。

## 6　情報サービス等に対する課税

情報サービス業に従事するインドネシアの販売代理店／契約締結会社からの収益パススルーに対する課税が行われる場合があります。例えば，販売代理店が営業し100円の対価を顧客から受け取り，自らの取り分20円を差し引いて残り80円を国外関連者に送付する場合に，当該80円について独立企業間価格とは認めないというものです。

## 7　みなし配当

移転価格調査の結果，売上（販売取引）または売上原価（仕入取引）に対し帰属させた更正金額，あるいは親会社に対するロイヤルティやサービスフィーの支払いが否認された場合における当該支払いを，みなし配当として，別途源泉税を課税される可能性があります。

## Q67　相互協議

移転価格課税を受けた場合の救済措置として相互協議があるようですが，その内容を教えてください。

### Answer

相互協議（Mutual Agreement Procedure：MAP）は，租税条約の規定に基づき，一方のまたは双方の締約国等の措置による租税条約の規定に適合しない課税が行われた場合，二重課税を排除するため，権限ある税務当局間で解決を図るた

めの協議手続です。MAPの申立ては、日イ租税条約の規定上、租税条約の規定に適合しない課税に係る当該措置の最初の通知の日、具体的には更正通知書の発行日から3年以内に行う必要があります。インドネシアにおける根拠規定は、財務大臣規則49/PMK.03/2019（PMK-49）です。インドネシアでの課税の場合、従来は相手国の権限ある当局（Competent Authority：CA）にMAPを申し立てることとされていましたが、国税総局規則番号16/PJ/2020（PER-16）により、租税条約と同様に、国税総局（Directorate General of Taxes：DGT）への申立てが可能となりました。なお、DGTに申し立てる際には、租税条約に適合しない課税であることの証拠を添付する必要があります。

MAPと並行して国内税務紛争解決プロセス（異議申立ておよび税務裁判）に進むことができますが、税務裁判で判決が言い渡された場合は、判決結果が優先されるためその時点でDGTがMAPを取り下げることに留意が必要です。

PMK-49の留意点は以下のとおりです。
・DGTの協議の期限である24ヶ月以内に合意が成立しなければ、不合意となる可能性があります。しかし、PER-16により、CA間で予備合意がありかつ相手国CAからの申請がある場合にかぎり、当該期間の延長（最長18ヶ月）が1度のみ認められます。
・相手国CAによる情報提供の依頼はDGTに直接なされるべきとし、情報収集プロセスが遵守されない場合にはMAPプロセスを取り消す権利をDGTに与えています。

なお、BEPSの行動14のミニマムスタンダードでは、合意された報告枠組みに従って、MAPの統計を適時、かつもれなく報告すべきであると定めており、OECDの専用サイトはもちろん、DGTの専用サイトでも詳細を開示しています。これらの情報によれば、近年は移転価格事案も相当数合意されている状況です。

## Q68 事前確認制度

事前確認制度について教えてください。

**Answer**

事前確認（Advance Pricing Agreement：APA）とは，納税者が税務当局に申し出た独立企業間価格の算定方法等について，税務当局がその合理性を検証し確認を行うことをいい，納税者が税務当局との合意内容に基づき申告を行っている限り移転価格課税が行われないため，納税者の予測可能性を確保し，移転価格課税に関する紛争を防止することが可能となります。APAの類型としては，国内の税務当局と納税者が当事者である一国のみの事前確認（国内APA）と，国内と他国の税務当局と納税者の4者が当事者となる二国間の事前確認（二国間APA）があります。

事前確認制度の確立と実施に関するガイドラインとして2020年3月に発効した財務大臣規則番号22/PMK.03/2020（PMK-22）は，インドネシアのAPAの枠組みをOECD/G20によるBEPSプロジェクトと整合させ，法的確実性を高めるとともにAPAプログラムをより効果的にすることを目的としています。従前の規則（PMK-07）に比較し，主に以下の相違があります。

### (1) APA期間の拡大

従来のAPA期間は，国内APAが最長3年，二国間APAが最長4年でしたが，PMK-22では国内APAも二国間APAもともに最長5年とされました。また，オープン年度（税務調査されていない過年度）についてはロールバック（遡及的適用）が可能となりました。

### (2) APAプロセスの簡略化

従来，対象年度の開始6ヶ月前までに，事前相談のために多くの資料提出が必要でしたが，PMK-22では，簡単なフォームの提出のみでよくなりました。

(3) APAプロセスの明確なタイムラインの提供

PMK-22におけるタイムラインについては以下のとおりです。

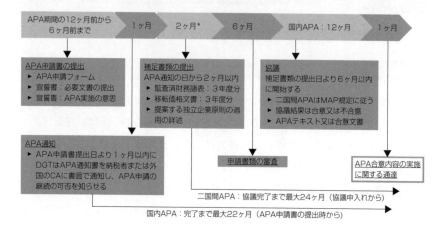

# 第6章

# 個人所得税に関するQ&A

---

● Point ●

　インドネシアでは，所得税法において法人および個人の所得税が規定されています。
　居住者に該当するか非居住者に該当するかにより課税の範囲等が異なりますので注意が必要です。

## Q69 居住者・非居住者

インドネシア居住者と非居住者で個人所得税法上どのような違いがあるか教えてください。また，居住者・非居住者の判定方法について教えてください。

**Answer**

インドネシアの個人所得税は，居住者に該当する場合と非居住者に該当する場合により，課税の対象となる範囲が異なります。居住者には，インドネシア国内外を含む全世界所得に対して個人所得税が課せられます。一方，非居住者は，インドネシア国内源泉所得のみが課税対象となります。

### 1　居住者・非居住者の区分

インドネシアにおいて，以下のいずれかの要件を満たす場合には，税務上，居住者と判定されます。

- 1月から12月までの課税年度において183日以上インドネシアに滞在している者
- インドネシアに住所を有する者
- 課税年度内にインドネシアに滞在し，インドネシアに居住する意思を持つ者

上記の居住者の要件に該当しない場合には非居住者と判定されます。

### 2　個人所得税の課税範囲

居住者と判定された場合には，国内および海外において獲得した所得全て（全世界所得）に対し，個人所得税が課されます。また，非課税者と判定された場合には，インドネシアの国内において発生した所得に対してのみ個人所得税が課されます。

【居住者・非居住者の課税・非課税イメージ】

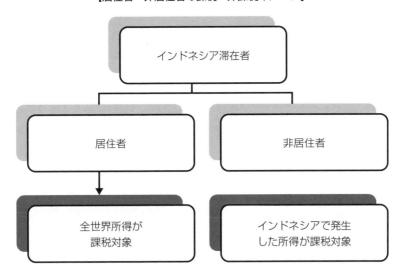

## Q70 非居住者に対する免税措置

インドネシアへ短期の出張を予定しています。非居住者に対する免税措置はありますか。

### Answer

日本とインドネシアとは租税条約を締結しているため，一定の条件を満たした場合は，日イ租税条約に基づき免税が認められます。

給与等を得た者がインドネシアと租税条約または租税協定を締結している国の者である場合には，個人所得税が免除される可能性があります。

日本人の場合，日本とインドネシアは租税条約を締結しているため，以下の条件を全て満たす場合には，給与に関しインドネシアでの個人所得税が免除さ

れることとなります。
・インドネシア滞在期間が，1暦年中に183日を超えないこと
・インドネシア居住者以外のものから報酬等の支払いを受けること
・日本法人がインドネシア国内に有する恒久的施設，固定的施設により報酬等が負担されないこと

インドネシアで短期滞在者免税の適用を受けるためには居住者証明書を入手し，日本の居住者であることを証明する必要があります。

## Q71 個人所得税率

個人所得税に適用される税率を教えてください。

**Answer**

居住者の場合には個人所得税の税率については，日本と同じ，年間課税所得の額に応じ税率が異なる累進課税制になっています。非居住者の場合には，源泉徴収が行われます。

### 1 居住者に対する税率

居住者に関し，税率は所得総額に一律に課されるのではなく，年間課税所得の額に応じて税率が以下のように設定されています。

| 年間課税所得 | | 税率 |
| --- | --- | --- |
| 2021年度 | 2022年度以降 | |
| 5,000万ルピア以下 | 6,000万ルピア以下 | 5％ |
| 5,000万超〜2億5,000万ルピア | 6,000万超〜2億5,000万ルピア | 15％ |
| 2億5,000万超〜5億ルピア | 2億5,000万超〜5億ルピア | 25％ |
| 5億ルピア超 | 5億超〜50億ルピア | 30％ |
| — | 50億ルピア超 | 35％ |

## 2 非居住者に対する税率

非居住者のインドネシア国内源泉所得については20％の源泉徴収が行われます。日イ租税協定により短期滞在者に該当する場合には，個人所得税が免税されます（Q70参照）。

## Q72 所得税額の算定方法

インドネシアの個人所得税の計算方法について教えてください。

### Answer

課税所得に税率を乗じ，個人所得税を計算します。計算にあたっては総所得から非課税所得および所得控除を控除します。

所得税の計算は以下のように行われます。

【算定式】

所得税額＝課税所得（※1）×税率

（※1） 非課税所得以外の所得－所得控除

所得のうち，事業関係または支配関係のない者から受け取る贈与または援助，

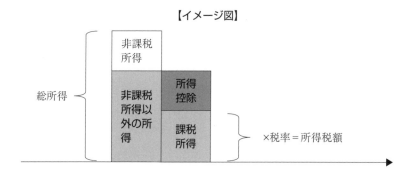

【イメージ図】

相続財産等は非課税とされます。

非課税所得以外の所得からは所得控除項目を差し引くことができます。既婚者の所得は、通常、合算して課税されます。

所得控除項目を差し引いた課税所得に税率を乗じることにより、所得税額が計算されます。

## Q73　個人所得税の申告納税スケジュール

個人所得税の申告納税のスケジュールについて教えてください。

### Answer

個人所得税は暦年基準（1月1日から12月31日）により所得を計算し、申告期限は、原則として翌年3月31日までとなります。

所得控除を上回る所得を得た居住者は、税務署に納税者登録をし、月次の予定納税および年次の確定申告を行う必要があります。

月次の予定納付の際には、前年度の所得税総額から源泉徴収額等を差し引いた額の12分の1を翌月15日までに納付し、翌月20日までに申告します。年次の確定申告は3月31日までに確定申告書を提出し、申告日までに納税します。申告日までに見積りによる仮納付を行うことにより、最長2ヶ月の期限延長を申請することができます。

また、給与所得について、雇用主は給与支給時に所得税の源泉徴収を行い、給与支給日の翌月10日までに納付を行い、20日までに申告書を提出する必要があります。源泉徴収に過不足がある場合、12月分の源泉徴収の納付期限である1月10日までに調整を行う必要があります。

## Q74 納税者登録

インドネシアに赴任することとなりました。納税者登録をする必要があると聞きましたが，納税者登録の概要について教えてください。

### Answer

納税者登録の概要は以下となります。

居住者は，個人の納税番号を登録し全世界所得ベースにて申告，納税します。
納税者登録に際しては，申告書，パスポート，労働許可証のコピーを税務署に提出する必要があります。
個人納税者登録がなされていない場合，所得税に20％の加算税が課せられることとなりますので注意が必要です。

## Q75 出向者の給与

インドネシアへ3年間の出向が決定しました。居住者と判定された場合の給与に関する所得税の取扱いについて概要を教えてください。

### Answer

駐在員の給与の支払方法により，所得税の取扱いが異なります。

駐在員の給与の支給方法については，実務上現地法人から現地の駐在員の口座に直接支払いが行われる場合と，日本法人から日本の口座または現地の口座

に支払いが行われる場合が見受けられます。

現地法人から居住者である駐在員の現地の口座に支払いが行われる場合，現地法人により従業員所得税として源泉徴収が行われます。

日本法人から日本の口座または現地の口座に支払いが行われる場合には，日本法人と現地法人の費用負担により扱いが異なると考えられます。日本法人が現地法人に給与負担を求めている場合，現地法人により従業員所得税として源泉徴収が行われます。日本法人が現地法人に給与負担を求めていない場合には，現地の駐在員が，個人所得税の申告納付を行います。

これらをまとめると，以下の表のとおりとなります。

### 居住者の納税方法

| ケース | | 納税方法 |
|---|---|---|
| 現地法人から現地の口座に支払われるケース | | 源泉徴収 |
| 日本法人から日本の口座または現地の口座に支払いが行われるケース | 現地法人が費用負担 | 源泉徴収 |
| | 日本法人が費用負担 | 駐在員が申告，納付 |

---

**コラム**

## 非居住取締役・コミサリスが無給の場合

日系企業の多くでも非常勤の役員がいる場合があります。本社の役員がインドネシア子会社の取締役・コミサリスを兼任することは多く行われています。この場合には重要な決定事項や決算の承認等が主な業務になりますが，非常勤であることから無報酬とする場合もあります。この点について税務当局が，役員としての業務が発生しているのであるから，報酬が発生している，として支給すべき給与や賞与にかかる源泉税の納付漏れを指摘する場合があります（そのくせ法人所得税計算上の費用については無視されてしまいますが）。会社方針として支払わない場合もあると思いますし，当局も必ずしも理解しないわけではないようです。ただし，税務リスクを減らすためにも，非常勤役員の給与・賞与はゼロであることを定めた契約書を用意して当局からの指摘に隙を見せない体制を作ることが重要です。

## Q76 現物給与

会社から現物給与を支給するにあたり，現物給与の取扱いについて概要を教えてください。

### Answer

現物により支給された給与については，2021年の国税規則調和法により2022年度から個人に対し課税されることになりました。一方で，支給した会社においては，法人所得税の計算上，損金に算入することができるようになりました。

原則として個人に対する現物給与は課税対象となり，雇用側において損金となります。

現金等により支払われた手当についても，個人に対して課税され，雇用側においては損金計上することができます。

上記取扱いについては，みなし課税所得が適用される会社など例外もあります。

## Q77 住宅費関係の現物給与

住宅費関係の現物給与の取扱いについて教えてください。

### Answer

住宅費関係の現物給与も，2022年度から個人所得税の課税対象となります。

駐在員住宅の賃料などの住宅費関係の現物給与について，会社が直接支払いを行っている場合，個人所得税の課税対象となります。この場合，現物給与を

支給した会社の損金になります。

　本人に実費を手当として支給している場合にも，個人所得税において課税対象となります。

## Q78 乗用車関係の現物給与

乗用車関係の現物給与の取扱いについて教えてください。

### Answer

乗用車関係の現物給与も，2022年度から個人所得税が課税されます。

　乗用車関係の現物給与について，会社が直接支払いを行っている場合には，個人所得税の課税対象となります。この場合，現物給与を支給した会社の損金になります。

　本人に実費を手当として支給している場合にも，個人所得税の課税対象となります。

## Q79 外国人の給与

インドネシアにおいて，所得税の計算が正確でない場合などのために外国人の給与水準に対するガイドラインがあると聞きました。ガイドラインについて概要を教えてください。

### Answer

インドネシアでは国または地域ごとに外国人給与に関するガイドラインが設定されています。給与水準は業種および役職により異なります。

インドネシアでは外国人給与のガイドラインが設けられています。外国人の申告金額が正確でないと税務当局が判断した場合などは，税務当局はガイドラインに基づき個人所得税額を計算する場合があります。日本については以下のような給与水準が設定されています。

| 業　　種 | 役　　職 | 金額（USD） |
|---|---|---|
| 貿易 | マネージャー<br>その他 | 12,689<br>6,210 |
| 繊維工業 | ゼネラルマネージャー<br>マネージャー<br>技術者 | 7,811<br>5,506<br>3,970 |
| その他工業 | ゼネラルマネージャー<br>マネージャー<br>技術者 | 9,668<br>9,092<br>6,403 |
| 鉱業／非石油採掘 | ゼネラルマネージャー<br>監督者<br>掘削現場の監督者<br>クルー | 26,378<br>20,552<br>18,247<br>9,988 |
| 農業 | ゼネラルマネージャー<br>マネージャー<br>技術者 | 7,811<br>5,378<br>3,970 |
| 漁業 | ゼネラルマネージャー<br>マネージャー<br>技術者 | 8,579<br>6,210<br>4,994 |
| 林業 | ゼネラルマネージャー<br>マネージャー<br>技術者 | 9,092<br>6,403<br>5,314 |
| 建設業・オフィスサービス業 | ゼネラルマネージャー<br>マネージャー<br>技術者<br>スタッフ | 9,988<br>8,387<br>8,067<br>7,171 |
| 運輸・不動産・リース業 | ゼネラルマネージャー<br>マネージャー<br>技術者 | 13,253<br>11,268<br>6,595 |

| | スタッフ | 5,314 |
|---|---|---|
| 銀行・保険会社 | マネージャー | 14,854 |
| | スタッフ | 8,259 |
| その他サービス | マネージャー | 13,958 |
| | スタッフ | 4,994 |
| 海外援助プロジェクトに関するコンサルタント | マネージャー | − |
| | スタッフ | − |

## Q80 所得控除項目

所得税計算の際,日本における所得税控除のような制度は存在するでしょうか。

### Answer

インドネシアにおいても所得控除項目が定められており,所得金額からは所得控除項目を控除することができます。控除額が一律で決まっているものおよび総所得に対する一定割合が控除できるものがあります。

所得金額からは以下の所得控除項目を控除することができます。

| 控除対象 | 年間の控除額（ルピア） |
|---|---|
| 基礎控除 | 54,000,000 |
| 配偶者控除 | 4,500,000 |
| 扶養控除（最高3人まで） | 4,500,000／人 |
| 業務関連控除 | 総所得の5％，6,000,000まで<br>（月額500,000ルピアまで） |
| 適格年金基金への積立金 | 総所得の5％，2,400,000まで<br>（月額200,000ルピアまで） |
| 労働者社会保障制度 | 全額 |

## Q81　退職金

インドネシア出向中に退職し，退職金を受け取りました。税務上，通常どのような取扱いとなるのでしょうか。

**Answer**

日本においては選択課税制度を利用することが可能と考えられます。

日本国外にいる従業員に退職金を支給する場合，日本での勤務期間に対応する所得について20％の源泉徴収が行われ，海外の勤務期間に対応する所得については日本では課税されません。

退職金を受け取る従業員について，日本の非居住者に該当した場合でも，選択課税制度を利用することで日本の居住者とみなすことができます。会社側で退職金から源泉徴収した金額のうち居住者として支払うべき金額を超える場合には還付請求をすることができます。

また，インドネシア居住者として退職金を受け取った場合には，給与所得として申告・納税する必要があると考えられます。

## Q82 個人所得税の申告手続および申告内容に対する罰金

個人所得税の申告手続および申告内容に関し不備があった場合，どのような罰金が課されるか教えてください。

### Answer

申告手続および申告内容に関する不備については，各種のペナルティが課されます。

申告書提出期限に遅延した場合には10万ルピアのペナルティが課されます。

また，納付期限に遅延した場合は，原則として未納付額に対して1ヶ月当たり，財務省によって決定される指標金利に5％を上乗せして12で割った税率を乗じて計算された延滞税が課されます。

個人納税者番号を取得してない者は，税額の20％相当額を加算した額を納付する必要があります。

また，申告内容に不備がある場合には，外国人給与に関するガイドラインに基づき税務当局により計算された税額が課される可能性があります。

## Q83 帰国時の手続

インドネシアの出向を終え，日本に帰国する予定です。帰国時の手続について教えてください。

### Answer

帰国時には納税者番号の抹消申請書を提出しますが，登録抹消までには時間を要します。

帰国時には，滞在許可証，労働許可証，警察証明のキャンセル手続を行い，出国許可証を取得します。
　また，税務署へ納税者番号の抹消申請書を提出します。申請にあたっては出国許可証のコピーが必要となります。納税者番号の抹消登録は税務調査の後に行われるため，納税者本人の帰任後にインドネシアの雇用主を介して行われるのが現状ですが，税務調査の実施時期は明確でなく，抹消までに数年かかることもあります。

# 第7章

# その他の税制に関するQ&A

---

**● Point ●**

インドネシアでは，法人所得税，個人所得税のほか付加価値税，関税，土地・建物税，不動産取得税などが定められています。

税務調査により決定された追徴課税について，不服がある場合には，国税総局に対し異議申立てを行うこととなります。

## Q84 付加価値税の概要

インドネシアの付加価値税の概要を教えてください。

**Answer**

インドネシアの付加価値税は，物品，サービスの消費に対して課される間接税で，最終消費者が税を負担します。企業に税負担は生じませんが，一定の企業は課税事業者として税務署に登録する必要があり，付加価値税を徴収する必要が生じます。

付加価値税は日本の消費税に該当するものであり，インドネシア国内で課税対象の物品やサービスの提供，輸出入，権利移転等が行われた場合に課税されます。付加価値税は，最終的に消費者が負担する税金ですが，企業には，その徴収と納税義務が課せられています。年間売上高6億ルピア以上の企業の場合には，企業は税務署に課税事業者として登録することが必要です。課税事業者として登録した企業は，取引ごとに起票する税務伝票を集計して納税額を計算した上で，毎月，申告納付する義務を負います。

付加価値税の税率は原則として10%（※）と定められていますが，政令により5%から15%の範囲で増減されることがあります。また，物品の輸出は免税となりますが，インドネシア国内の企業が，外国に所在する企業に対して行うサービス輸出は，内容によって免税になるものと通常の税率（10%）が課されるものがあり，注意が必要です。

（※）2021年12月現在。2021年の国税規則調和法により，2022年4月から11%，2025年1月1日までに12%への引上げが決定されています。

## Q85 付加価値税の課税対象

インドネシアの付加価値税の課税対象，非課税対象，免税規定を教えてください。

### Answer

インドネシアの付加価値税について，課税対象となる取引，非課税対象となる取引，免税対象となる取引が定められています。

### 1 課税対象について

2010年4月1日施行の改訂付加価値税法によれば，付加価値税は，基本的にインドネシア関税地域内で行われた以下のような課税物品の引渡しや課税サービスの提供等の事実に対して課税されます。

（課 税 対 象）
- 課税物品の引渡し
- 課税物品の輸入
- 課税サービスの提供
- 海外の無形の課税物品（財産権）の使用
- 海外の課税サービスの使用
- 課税物品の輸出
- 課税サービスの輸出

上記のうち，課税物品の引渡しには，以下のような取引が含まれます。
- 課税物品の権利の引渡し
- リース契約による課税物品の移転
- 課税物品の自家使用や無償提供
- 支店間または本店と支店間での課税物品の引渡し
- 委託物品の引渡し

## 2 非課税対象について

原油や天然ガスなどの天然資源や生活必需品，医療サービスなどについては，付加価値税が課税されません。インドネシアにおける非課税物品および非課税サービスは，以下のとおりです。

（非課税物品）
- 原油，天然ガス，地熱エネルギー
- 砂，採石，鉄鉱石，スズ鉱石，銅鉱石，銀鉱石，ボーキサイト等の鉱物
- 米，食塩，トウモロコシ，大豆等の生活必需品
- ホテル，レストラン等で提供される飲食物
- 貨幣，金，有価証券

（非課税サービス）
- 医療サービス
- 福祉サービス
- 郵便サービス
- 金融サービス
- 保険サービス
- 宗教サービス
- 教育サービス
- 芸術，娯楽サービス
- テレビ・ラジオ放送サービス（広告宣伝は除く）
- 海上および陸上運輸サービス
- 人材紹介サービス
- ホテルサービス
- 政府機関の公共サービス
- 駐車場サービス
- 硬貨式公共電話サービス
- 郵便為替の送金サービス
- ケータリングサービス

## 3 付加価値税の免除について

戦略的物品など一部の取引については，付加価値税が免除されています。その詳細については以下のとおりです。

**（戦略的物品の付加価値税免除）**

一部の課税物品の輸入および国内での供給については戦略的物品として付加価値税が免除されています。現在，以下の物品が戦略的物品として指定されています。

- 課税製品の製造に必要な機械・工場設備
- 農産物，栽培品，狩猟物，家畜の飼育，漁獲物および養殖品
- 電気代（高級住宅を除く）
- 水道代
- 牛・鶏・魚類の飼育・養殖用の餌
- 農林業・酪農業用の種子

**（その他の付加価値税の免除）**

戦略的物品以外にも，以下の課税対象物品・サービスの輸入・供給については，特定の目的を達成するために付加価値税が免除されています。

- 軍隊や警察の使用する兵器・弾薬，運搬車両や装具
- 法定予防接種用の小児麻痺ワクチン
- 教科書，宗教関係書籍
- 国内の商業用・漁業用船舶と部品
- 国内航空会社の航空機と部品
- 特定の鉄道車両と部品
- 特定の鉄道車両の維持・修繕サービス
- 国内の船会社や漁業会社が受けるサービス
- 国内の航空会社が受けるサービス
- 低価格の住宅，低層アパート，宗教上の礼拝目的建物の建設サービス
- 低価格の住宅のレンタル

## Q86 付加価値税の申告と納税

インドネシアの付加価値税の申告方法および納税方法について教えてください。

### Answer

課税業者は申告および納税を毎月行う必要があります。申告および納税は，基本的に事務所ごとに行う必要があります。

### 1　付加価値税の申告

課税業者に該当する会社と個人は，毎月の実績を翌月末までに申告し，付加価値税を支払う必要があります。付加価値税は事業所ごとに処理されるため，会社がそれぞれ管轄地域の異なる地方税務署の下にあるいくつかの事業所を運営している場合には，管轄地の地方税務署ごとに登録が必要になります。

付加価値税は事業所ごとに処理されるため，通常は課税物品の社内（支店間）引渡しは付加価値税の対象となりますが，国税総局の承認により付加価値税の申告を一括化することが可能です。一括化した場合には，課税物品の社内引渡しは付加価値税の課税対象外となります。

### 2　付加価値税の計算方法

付加価値税は，以下のように計算します。

納付税額＝アウトプットVAT－インプットVAT

毎月受け取ったアウトプットVATから，課税対象の購入またはサービス提供の際に支払ったインプットVATを控除し付加価値税の納付額を計算します。

### 3　付加価値税の納税

毎月末締めで，要納税額（アウトプットVATの超過分）がある場合は，月次付

加価値税申告書を提出するまでに納付します。申告書は対象月の翌月末までに提出する必要があります。

物品の輸入時には、通関手続時に輸入関税および第22条前払税（PPH 22）とともに付加価値税を税関に納付します。

納税者が国外から役務提供（ロイヤルティを含む）を受けた場合、当該納税者は、国外から請求された役務対価に付加価値税率を乗じた金額をインプット（仮払）VATとして自己賦課し、翌月15日までに申告・納税する義務があります。この手続によるインプット（仮払）VATは、通常の規定に従ってアウトプット（仮受）VATとの相殺が認められます。

## Q87　付加価値税インボイスの整備

付加価値税を申請するにあたり、どのような項目が記載されたインボイスを入手する必要があるでしょうか。

### Answer

インプットVATをアウトプットVATより控除するためには、一定の要件を満たしたインボイスを入手する必要があります。

インプットVATをアウトプットVATより控除するためには、一定の要件を満たしたインボイスを入手する必要があります。インボイスには以下の情報が記載される必要があります。

・課税物品・サービス提供者の氏名（社名）、住所、納税者番号
・物品・サービス購入者の氏名（社名）、住所、納税者番号
・物品・サービスの種類、数量、販売価格、料金、割引額
・VAT徴収額
・奢侈品販売税の徴収額（対象となる場合）

- 請求書のコード番号，連番，発行日付
- 請求書に署名権を持つ管理者の氏名，役職名，署名

付加価値税は年度末に還付申請を行うことが可能です。付加価値税の還付のためには，関連する証拠資料を申請日から1ヶ月以内に国税総局に提出する必要があります。期限を過ぎて提出された資料は，効力が認められないため注意が必要です。

　関　税

インドネシアの関税の概要を教えてください。

**Answer**

インドネシアでは，諸外国で一般的な輸入関税のみならず，輸出関税が設けられています。輸入関税，輸出関税は，品目ごとに税率が異なります。

インドネシアでは，以下のように輸入関税および輸出関税が設けられています。

## 1　輸入関税

基本輸入税率は以下の4つに分類されます。

① 最必需品（0％〜10％）
② 必需品（10％〜40％）
③ 一般品（50％〜70％）
④ 贅沢品（上限200％）

## 2　輸出関税

輸出関税については，「輸出関税の課税についての2008年8月11日付政令第

55号」(以降数回の財務大臣令によって変更)において規定されています。

① パーム製品(参考価格と品目に応じて，0〜262ドル/重量トン)
② 皮革製品(15%，20%)
③ 木材(2%，5%，10%，15%)
④ カカオ豆(0%，5%，10%，15%)
⑤ 鉱物製品(0%，2.5%，5%，10%)

### 3　品目分類と課税標準

品目分類は，2021年4月1日付財務大臣規定2021年第11号にて，2021年以降の関税率表が規定されました。

課税標準について，輸入関税ではCIF価格を用い，輸出関税では，市場価格を用います。

## Q89　奢侈品販売税

**奢侈品販売税について概要を教えてください。**

**Answer**

奢侈品販売税は，財務大臣が定める高級品に対して，課税される税金です。

奢侈品販売税とは，財務大臣が定める高級品に対し課される税金です。付加価値税に近い制度ですが，税率が高く設定されていることが特徴です。課税地域において高級品を製造する企業が高級品を引き渡した時または高級品を輸入した時に通常の付加価値税に加えて課税が行われます。

### 1　納税義務者

納税義務者は，高級品の製造業者または輸入業者となります。製造業者が高

級品を引き渡した際または輸入業者が高級品を輸入する際に課税され，それ以降は課税されません。

## 2 税　　率

最高税率は200%であり，品目により税率が異なります。高級住宅20%，テレビ10%など財務大臣により定められ，容量，サイズ，価格等によって税率が異なります。自動車等は種類および排気量により税率が異なります。

## 3 申告および納税

付加価値税と同様に申告および納付が行われます。製造した高級品の引渡しまたは輸入のあった月の翌月末までに国税総局に申告する必要があります。

奢侈品販売税の課税対象品および税率の例を挙げると以下のとおりです。

| 対　象　品 | 税率 |
|---|---|
| 自動車，自動二輪以外 | |
| 加工乳，<br>加工フルーツジュース，野菜ジュース<br>ノンアルコール飲料，ソーダ<br>クーラー，ヒーター，テレビ<br>スポーツ用品<br>エアコン<br>カメラ，ビデオカメラ，テープレコーダー | 10% |
| クーラー，ヒーター（税率10%以外のもの）<br>高級住宅，アパート，コンドミニアム<br>テレビ（税率10%以外のもの）<br>エアコン（税率10%以外のもの），皿洗い機<br>香水 | 20% |
| 船舶<br>特定のスポーツ用品 | 30% |

| | |
|---|---|
| アルコール飲料<br>皮革および人工皮革製品<br>じゅうたん<br>靴<br>石製品<br>ガラス製品，陶磁器<br>パワーボート，飛行船<br>銃器類<br>オフィス用器具 | 40% |
| じゅうたん<br>自家用飛行機<br>特定のスポーツ用品<br>銃器類 | 50% |
| アルコール飲料<br>貴金属，真珠，宝石<br>高級クルーザー | 75% |

　一般の自動車，自動二輪については，自動車の種類，排気量，座席数，動力源（ガソリン，電気，燃料電池，ハイブリッド等）の区分によって15％から95％の税率が課されます。

　ガソリンおよびディーゼル車のような化石燃料車はセダン，ステーションワゴンといった車種，座席数，排気量によって区分され，15～75％の税率が課されます。一方で省エネや環境に配慮した車両である低価格グリーンカー（LCGC），ハイブリッド車（HV），プラグインハイブリッド車（PHV），フレックス燃料車，電気自動車（EV）および燃料電池車（FCV）の税率は15％になっていますが，優遇措置がとられています。EVおよびFCVについては課税標準額が0として算定されるため，実質的に免税されています。

　自動車以外にもゴルフカート50％，山岳車両60％などの税率が課されます。自動二輪の場合，250cc～500ccは60％，500cc超は95％の税率が課されます。

## 4　免税対象

　免税対象については以下のとおりです。

- 救急車,警察用バン,消防車,霊柩車,公共交通機関用の車両
- 外交用の車両
- 軍隊,警察用で座席数が10超のディーゼル車両。

## Q90 印紙税

印紙税の概要について教えてください。

**Answer**

印紙税は,契約書や有価証券等の文書に対して課税される税金で,以前は3,000ルピアのものと6,000ルピアのものの2種類がありましたが,2021年1月から10,000ルピアのもの1種のみとなっています。契約書等の種類により適用される対象が定められています。

印紙税の適用対象は以下のとおりです。

| 種 類 | 金 額 | 印紙税 |
| --- | --- | --- |
| 民事行為の証拠となる契約書等 | - | 10,000ルピア |
| 公正証書およびその謄本 | - | 10,000ルピア |
| 土地譲渡証書作成人が作成した証書およびその謄本 | - | 10,000ルピア |
| 裁判における証拠書類 | - | 10,000ルピア |
| 有価証券 | - | 10,000ルピア |
| 小切手 | - | 10,000ルピア |
| 金銭受領書,銀行明細書,銀行残高通知書,債務返済書,為替・約束手形 | 500万ルピア未満 | 免税 |
| | 500万ルピア超 | 10,000ルピア |

# Q91 土地・建物税

土地・建物税の概要について教えてください。

## Answer

土地・建物税は，土地・建物等の権利保有者に対して毎年課される税金です。土地・建物税は，国税総局が定める不動産評価額に税率を乗じて算定され，不動産評価額は3年ごとに決定されます。

### 1 納税義務者

土地，建物等に対し所有権，使用権，建設権または開発権を持つ者は納税義務者に該当します。

### 2 税額計算

不動産評価額に税率を乗じ税額を計算します。不動産評価額は原則として3年ごとに国税総局によって決定されます。

土地・建物税＝不動産評価額×税率

### 3 税率

税率については以下のとおりとなります。

| 不動産評価額が10億ルピア未満の場合 | 0.1% |
|---|---|
| 不動産評価額が10億ルピア以上の場合 | 0.2% |

### 4 納付時期

土地・建物税は，国税総局から発行される公式査定書に従って毎年支払う義務があり，税金通知書の発行から6ヶ月以内に納付する必要があります。

## 5 免税の条件

以下に該当する場合には，土地・建物税が免除されます。

- 宗教，福祉，医療，教育と文化，墓地，考古学的遺跡等に関する土地・建物
- 保護森林，自然保護地区，観光用の森林，国立公園，牧草地その他の国有地
- 大使館，領事館等

## Q92 不動産取得税

不動産取得税の概要について教えてください。

**Answer**

土地や建物等を取得する際に課される税金です。

不動産取得税は，土地（所有権，開発権，建設権，使用権等）・建物等を取得する者に対し課される税金です。土地・建物等の取得には，売買，贈与，相続，現物出資，権利の分割，競売等が含まれます。

## 1 納税義務者

土地，建物等を取得する者は納税義務者に該当します。

## 2 税額計算

課税標準に税率を乗じた金額が不動産取得税となります。課税標準は，取得価額または不動産取得税の算定のために国税総局が定める不動産評価額のうちいずれか高い方となります。

不動産取得税＝課税標準×税率

## 3　税　　　率

税率については最高5％であり，各地方政府に決定権が与えられています。

## 4　納付時期

土地建物移転証書の署名日が納付期限となります。公証人は不動産取得税が支払われるまでは，土地建物移転証書に公証署名することが禁じられています。

## 5　免税の条件

取得価額が一定の金額以下の場合には免税となります。地域ごとに規定されており，相続以外の場合には最低500万ルピアから最高5,000万ルピアと定められています。

## Q93　地方税

地方税の概要について教えてください。

### Answer

地方税は，州や地方行政により決定される税金です。

インドネシアの税金は大きく国税，地方税，関税の3つに区分され，地方税は，州や地方行政により決定されます。

税目としては，開発税，自動車税，船舶税，ホテル税，レストラン税などがあります。

また，地方賦課金についても定められており，地方自治体の提供するサービスや許認可を対象として液体廃棄物処理賦課金，建物建築許可賦課金などが課されます。

## Q94 罰則

インドネシアでは、税務申告に関連するペナルティはありますか。

### Answer

納付期限までに納付しなかった場合には、原則として未納付額に対して1ヶ月あたり、財務省によって決定される指標金利に5％を上乗せして12で割った税率を乗じて計算された延滞金が課されます。延滞金の計算は最大24ヶ月適用され、1ヶ月未満でも1ヶ月として計算されます。

なお、オムニバス法草案において、延滞金の計算利率の変更が予定されています。例えば、年次法人税所得税申告書に基づく未納付額に対する税額については、財務省によって決定される指標金利に5％を上乗せして12で割った税率（月利）が適用されます。オムニバス法草案においても、延滞金の計算は最大24ヶ月適用され、1ヶ月未満でも1ヶ月として計算される予定になっています。

申告書の提出期限に遅延した場合や不履行となった場合には、以下のペナルティ（罰金）が科されます。

| 申告書の内容 | ペナルティ |
| --- | --- |
| 法人所得税申告書 | 100万ルピア |
| VAT申告書 | 50万ルピア |
| 個人所得税申告書 | 10万ルピア |

## Q95 修正申告

修正申告の概要について教えてください。

### Answer

申告後に申告書内容に誤りがあった場合，税務調査がまだ実施されていないという条件に限り，年度所得税申告書の修正は，2年以内であれば可能です。修正申告により，課税額が増額となる場合，申告書提出の最終期限から起算して，修正申告による追加課税額の支払までの期間に対して，原則として追加納付額に対して1ヶ月当たり財務省によって決定される指標金利に5％を上乗せして12で割った税率を乗じて計算したされた延滞金が課されます。延滞金の計算は最大24ヶ月適用され，1ヶ月未満でも1ヶ月として計算されます。

なお，税務調査の結果による過少納税額の場合に適用される延滞金の計算税率は，財務省によって決定される指標金利に15％を上乗せして12で割った税率が適用されます。納税者による修正申告の適用延滞税は税務調査による適用税率よりも低くなっており，修正申告を行った方が納税者に有利となるようにされています。

## Q96 税務調査の概要

インドネシアの税務調査について教えてください。

### Answer

税務調査は国税当局により行われます。一定の場合には税務調査が入る可能性が高まります。

インドネシアの税務上の時効は原則5年です。この期間内であれば，国税総局はいつでも税務調査を行うことができます。会社の税務調査は，年度の特定の期間について特定の税金だけを対象とする場合と，全ての税金を対象とする場合とがあります。

税務調査が入るきっかけとなる要因として以下のようなものが挙げられます。
・税金還付請求
・年次法人税申告書が税務損失を計上している場合
・会計年度や記帳方法が変更された場合
・固定資産の再評価がなされた場合
・税務申告書が規定の期間内に提出されなかった場合
・企業合併などの組織再編成や事業年度の変更

なお，税金還付請求や決算期変更をすれば必ず税務調査が入ります。

---

**コラム**

### 税務調査における取締役の召喚

実地調査の技術ガイドラインとして2017年に規定された国税総局通達（SE-10/PJ/2017）は，納税義務のコンプライアンスを調査することを目的しており，税務調査の各ステージでの手続を明確にしています。

例えば，税務調査開始時は，実地調査通知書とともに召喚状が納税者に送付されます。SE-10では，納税者との会合は，召喚状に記載された日時・場所で，録画装置（音声および映像）を備えた特別な部屋で行われ，納税者の代表者（取締役）が出席しなければならないとされています。なお，取締役は事業活動や業務内容を理解している従業員または税務コンサルタントを同伴できます。調査官は主に以下の事項について説明を求めるとされていますので，面談前には，自社の状況を法人税申告書，監査レポートおよび移転価格文書等で把握しておく必要があるといえます。
・　ビジネスプロセス
・　会計帳簿等
・　主な顧客とサプライヤーに関する情報

- 関連者との取引
- 税務調査官が申告書上で見つけたデータの明確化

## Q97 事前確認制度

当社はある取引を行う予定ですが，会計事務所から，当該取引の税務上の取扱いには不確定要素が大きいと言われています。

慎重を期すため，この取引の課税措置について，事前に税務当局に確認することは可能でしょうか。

### Answer

インドネシアでは，税法の解釈が必要と思われる取引について，事前に納税者が税務当局に対し書面で確認する，いわゆる事前確認制度については，現在のところ移転価格税制の事前確認制度以外にはありません（移転価格税制の事前確認制度（Advance Pricing Agreement）についてはQ68をご参照ください）。

事前に所轄の税務署などに問い合わせることは可能ですが，法的拘束力があるわけではありません。税法の解釈について不明な点がある取引については，会計事務所に相談されることをお勧めします。

## Q98 異議申立てと税務裁判

税務調査で更正され，納得できないことから税務裁判への提訴を考えています。国内救済措置としての異議申立てと税務裁判について教えてください

### Answer

インドネシアでは、通常、税務裁判所に直接提訴することはできず、まず当局に対して異議申立てを行い、決定内容に不服の場合には税務裁判所に提訴することができます。

## 1 異議申立て

異議申立ての根拠規定は、国税一般通則法（KUP Law No.6/1983, Law No.16/2009で改訂）、政令No.74/2011（GR 74）および、財務省令No.9/PMK.03/2013（PMK-9）です。なお、異議申立ての対象は、更正通知書とされています。また、異議申立ての期限は、更正通知書の日から3ヶ月以内とされています。下図は、異議申立てプロセスにおける主なイベントとそのタイミングを示しています。

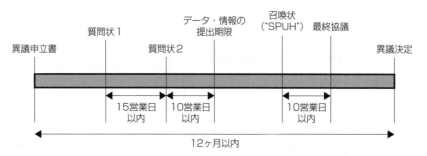

上記のように、納税者は、当局からの質問状に回答し、召喚状（SPUH）に対して反論書を用意の上、最終協議に臨むことになります。異議決定は異議申立てから1年以内とされており、期限を過ぎた場合には、異議が認められたとみなされます。申立ては、Kanwil（上位の税務署）に行うものですが、同じ税務当局であるため、ほとんどの場合、却下されるのが現状です。それでも、多くの納税者が異議申立てを行うのは、税務裁判に進むためにはまず異議申立てをしなければならないという前置主義がとられているためです。

## 2 税務裁判

異議決定後，納税者として課税を受け入れるか，救済措置（税務裁判または相互協議）の申請を行うか検討が必要になります。税務裁判の根拠規定は，国税一般通則法，および国税審判法（Law No.14/2002）であり，税務裁判の対象は，異議決定とされています。税務裁判所への提訴期限は，異議決定から3ヶ月以内とされています。下図は，税務裁判プロセスにおける主なイベントとそのタイミングを示しています。

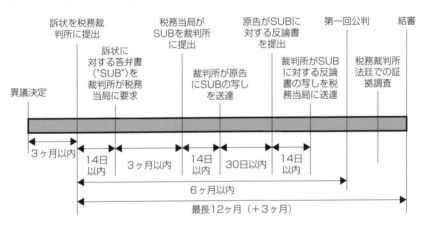

公聴会（ヒアリングセッション）は提訴から6ヶ月以内に開始され，提訴から1年以内（最大3ヶ月延長可能）に結審しますが，判決には結審後概ね1〜2年を要する点に留意が必要です。

税務裁判所は国税総局（DGT）から独立した司法機関であり，判事にはDGT出身者も含まれますが，概ね客観的な判断がされることから，税務裁判で勝訴する可能性は一般的に高いと考えられています。これは，強引で根拠の薄い課税をしている税務調査官が依然として少なくないことを示唆していると考えられます。筆者の経験上，判事がDGTに課税の根拠説明を求めた際に，明確に回答できない状況が続き，結果として納税者が勝訴したケースがあります。一方，インドネシアは判例主義ではないため，同様の事案に対する判決が，判事団（3名の判事で構成される）の顔ぶれにより異なる場合がある点に留意が必要です。

## 3 再審査請求

　税務裁判所の判決は最終的な決定ですが，偽証，重要な証拠，判決が明らかに現行法に従っていないことが判明した場合には，原告・被告ともに，判決日から3ヶ月以内に最高裁判所に控訴できることになっています。最高裁では，ヒアリングはなく，書類審査のみが行われます。税務裁判所の判決で納税者が勝訴し，税金が還付された時点では分かりませんが，後日にDGTが上告する場合もあるので，引き続きモニタリングしておく必要があります。なお，2018年の年次報告書によると，同年における最高裁判決は，DGTが行った控訴2,530件中，DGTの勝訴件数は85件であり，納税者が行った控訴719件中，納税者の勝訴件数は284件となっています。これは，納税者が税務裁判で勝訴し，これをDGTが上告した場合には，判決が覆る可能性は非常に低いが，納税者が税務裁判で敗訴し，これを納税者が最高裁に上告した場合には，判決が覆る可能性が4割程度はあることを示しています。

### コラム

#### 税務裁判の長期化

　異議決定後3ヶ月以内であれば税務裁判所に控訴状（アピールレター）を提出することができます。税務裁判は審問（ヒアリングセッション）が12ヶ月（裁判所の判断で3ヶ月延長可）で終了しますが，判決はさらに1-2年を要します。勝訴すれば，税金は戻ってきますが，DGTが上告する場合が多いので留意が必要です。このように，税務裁判自体は2～3年ですが，最高裁での再審査に要する期間は明らかではなく，裁判に要する合計期間は長期になります。

　法令上は1年以内の判決が求められていますが，非常に多くの訴訟が提訴され対応に時間がかかっています。背景としては，税務調査では強引な課税が多く，結果として勝訴する可能性が高い税務裁判に多くの納税者が提訴しているのが現状です。

## Q99 オムニバス法

オムニバス法のうち税法に関する主な変更点を教えてください。

### Answer

投資促進を目的として，労働法，外国投資法，税法など多くの項目を包括したオムニバス法案が，2020年1月に議会に提出され，2020年10月に可決，承認されました。同年11月に発効したオムニバス法（法律2020年第11号）の第7章には，所得税法，付加価値税（「VAT」）法，一般規則および課税手続に関する法律（「国税通則法」），地方税および地方賦課金に関する法律が含まれています。なお，当初の法案に含まれていた，法人税率の引下げとデジタル経済に対する課税については，COVID-19対応の一部として2020年度から早期適用されています。

税法の変更も多岐にわたりますが，主なものとして以下があります。

### 1 所得税関係

#### (1) 配当所得および一部の国外源泉所得の非課税対象の拡大

インドネシアの納税者である個人または法人が稼得する配当所得および一部の国外源泉所得は，一定期間インドネシアにおいて再投資されること等を条件として非課税となっています。特に，国内企業によって支払われる配当については，法人所得税法上，再投資要件が求められていません。従来，グループ内の配当免税は，配当を支払う企業の払込資本の25％以上を所有するインドネシアの企業によって受領された利益剰余金から支払われる国内配当のみに適用されていたことを考慮すると，大幅な非課税所得の対象拡大といえます。

## 2 個人所得税関係
### (1) インドネシア国籍者は、非居住者とされる要件が厳格化
非居住の納税者としての資格を得るための新たな基準が設けられ、12ヶ月以内に183日以上インドネシア国外に居住し、一定の条件（居住地、主たる活動の場所、常用の住居のある地、課税上の地位および/またはその他の一定の条件）を満たしたインドネシア国民は、非居住の納税者とみなされるようになりました。

### (2) インドネシアに居住する外国人への所得税の課税
インドネシアの居住者は全世界所得が課税対象ですが、居住納税者である外国人が、特定の専門的技能を有する場合には、納税義務者となってから4年以内に稼得または受領する国外源泉所得を所得税の対象から除外することと規定しています。外国人のインドネシア国内源泉所得には、インドネシア国内で実施される雇用、サービスまたは活動に関連して稼得または受領した所得であり、インドネシア国外で支払われるものも含まれます。ただし、租税条約の規定に基づく便益を利用している外国人には適用されません。

## 3 VAT法関係
### (1) 控除可能な仕入VATに関する規定
主な変更点としては、従来控除できなかった以下の仕入VATにつき、控除可能となりました。
- ・営業開始前における非資本財またはサービスの購入
- ・事業者がVAT課税事業者として認定される前の購入

## 4 国税通則法関係
### (1) 市場金利を参照したペナルティー（加算税）
国税通則法においては24ヶ月を上限として、従来は月利2％で課せられていたペナルティー（加算税）の税率の変更を規定しています。新しい税率は、状況に応じて様々な上乗せが加えられます。これらの加算税は、最大24ヶ月適用されます。主なものとして、修正申告の場合には市場金利＋5％が、税務調査

で更正された場合には市場金利＋15％が，それぞれ年利として適用されます。

(2) VATインボイスに関連する罰金の引下げ

VATインボイスを発行していない，または発行が遅れている事業者に対する罰金は従来，課税標準の2％でしたが，これを1％としています。

## Q100　日イ租税条約

**日イ租税条約の概要について教えてください。**

### Answer

日本とインドネシアの間には，二重課税の排除と脱税の防止などを目的として租税条約が締結されており，原則として国内法に優先して適用されます。租税条約の適用を受けるためには，居住地証明を提出する必要があります。

また，日本とインドネシアの間のBEPS防止措置実施条約（MLI）は2021年1月1日から適用となっており，日イ租税条約では，例えば，租税条約濫用防止措置として，PPT（主要目的テスト）が追加されています（MLIの詳細については，下記h）で記載しています）。

租税条約には以下のようなものが規定されています。

a）PE（恒久的施設）の定義
b）移転価格税制
c）配当に対する課税
d）利子に対する課税
e）使用料に対する課税
f）短期滞在者に対する人的役務所得
g）役員報酬にかかる課税

h） BEPS防止措置実施条約（MLI）

それぞれの規定の概要は以下のとおりです。

a） PE（恒久的施設）の定義

　事業の管理事務所，支店，事務所，工場，作業場などはPE（恒久的施設）と判定されます。特に建物，建設または設置コンサルタントサービスまたは監督サービスを従業員または独立エージェント以外の人を通して課税年度の6ヶ月以上行った場合には，PEとみなされます。

　PEと判定された場合，PE帰属の所得について，税務上の居住者と同等の納税義務を負うなどの課税関係が生じます。

　日イ租税条約の第7条に，日本企業がインドネシア国内において，恒久的施設を通じた事業を行わない限り，インドネシアにおいては課税されないことが規定されています。

b） 移転価格税制

　移転価格に関しては，財務省令による規定のほか，租税条約でも規定されており，関連会社間での取引においては第三者間取引と同様の条件によることとされています。

c） 配当に対する課税

　議決権のある株式の所有割合が25％以上である場合，配当について10％の源泉徴収が行われます。また，議決権のある株式の所有割合が25％未満である場合，配当について15％の源泉徴収が行われます。

| 議決権のある株式の所有割合 | 源泉徴収 |
|---|---|
| 25％以上 | 10％の源泉徴収 |
| 25％未満 | 15％の源泉徴収 |

d） 利子に対する課税

利子については，税率の上限を10％とする旨が規定されています。また，政府系銀行からの借入の利息については税金が免除されます。

e） 使用料に対する課税

著作権，特許権，商標権等の使用料については，税率の上限を10％とする旨が規定されます。

f） 短期滞在者に対する人的役務所得

以下の要件を満たす者は，短期滞在者として給与についてインドネシア側で課税が行われません。
・課税年度の滞在日数が183日を超えないこと
・日本側で給与が支払われていること
・インドネシア国内のPEによって給与が負担されていないこと

g） 役員報酬にかかる課税

日本の会社から役員としての報酬を得ている場合，日本側で非居住者かつ勤務がない場合でも，日本側で課税されます。

h） BEPS防止措置実施条約（MLI）

MLIは，税源浸食および利益移転（BEPS）プロジェクトで決めた15のアクションのうち，以下の4項目について租税条約の各項目を修正するものです。
行動2：ハイブリッド・ミスマッチ取極めの効果の無効化

行動 6：租税条約の濫用防止
行動 7：恒久的施設認定の人為的回避の防止
行動14：相互協議の効果的実施．

この修正を個別に行えば，莫大な時間と手数がかかりますが，MLIはこの問題を解決するため，1回の交渉，1回の署名，1回の批准というコンセプトを採用しました。

## Q101 租税条約適用方法

租税条約の実際の適用方法について教えてください。

**Answer**

租税条約は自動的には適用されず，租税条約の対象となる取引が発生した場合には企業自身がその適用を申請する必要があります。この申請手続を怠ると軽減税率が適用されないため注意が必要です。源泉税の申告は月次で行われますが，租税条約の対象となる取引がある場合には，この月次申告において税務当局の定める特定のフォーム（GDT-1）による租税条約適用を申請します。GDT-1は取引相手が租税条約締結国の居住者であることを相手国の税務当局（日本本社との取引であれば日本本社の管轄税務署）から証明してもらいます。このため発行には一定の時間がかかることから事前の準備が必要となります。このフォームは1年間有効です。

租税条約が適用される取引についてはQ100をご参照ください。

# 第8章

# 会計に関するQ&A

---

**● Point ●**

インドネシアの会計処理については,国際財務報告基準(IFRS)をベースとするインドネシア財務会計基準(PSAK)および会計基準の適用のための解釈指針(ISAK)に準拠して作成する必要があります。

また,外資企業は公認会計士による監査を受ける必要があります。

## Q102 インドネシア会計制度

インドネシアの会計制度について教えてください。

**Answer**

インドネシアの会計制度は会社法，資本市場法，インドネシア証券取引所が定める規定等により定められています。

インドネシアの会計制度はまず会社法により定められています。またこれに加えて会社の種類によりさらに適用される法律があります。一定以上の株主（300人）および30億ルピア以上の資本金を有する会社（日本の公開会社と類似の会社）および上場会社は資本市場法（日本における金融商品取引法）に従わなければなりません。さらに上場会社はインドネシア証券取引所が定める規定に従う必要があります。

## Q103 インドネシアの公認会計士制度

インドネシアの公認会計士制度について教えてください。

**Answer**

インドネシアの会計士協会が認定する資格を有する公認会計士が監査報告書を発行することができます。

インドネシアにも公認会計士制度があり，インドネシアの会計士協会が認定する資格を有する公認会計士が監査報告書を発行することができます。公開会社の監査を行うためにはさらに一定の要件が必要となります。また上場企業の

監査を行うためには金融サービス庁（OJK）が発行するライセンスが必要となります。

インドネシアで公認会計士となるためには，インドネシアの会計士協会が認めるプログラムを修了して大学を卒業する必要があります。当該要件を満たすことにより，監査法人で監査業務に従事することができます。その後，定められた研修を受け一定の実務経験を経て，財務省に登録することで監査報告書を発行することが可能となります。インドネシア会計士協会にはおよそ3,500人の公認会計士が登録されています（2019年2月現在）。

## Q104 インドネシアの会計基準

**インドネシアの会計基準について教えてください。**

### Answer

財務諸表は，インドネシア会計基準および会計基準の適用のための解釈指針に従って作成する必要があります。

インドネシアで活動を行う会社は，会社法で定められる年次報告書を作成しなければなりませんが，その中に含まれる財務諸表については，インドネシア会計士協会（IAI）が作成するインドネシア会計基準（PSAK：Pernyataan Standar Akunansi Keuangan）に準拠して作成しなければなりません。また会計基準の適用のための解釈指針（ISAK：Interpretasi Standar Akuntansi Keuangan）がIAIから公表されています。

インドネシア会計基準は1973年に初めてインドネシア会計原則1973として規定されました。その後経済のグローバル化の進展に伴い，国際財務報告基準（IFRS）をベースとする財務会計基準（PSAK）へと改定されました。この財務会計基準はその後も国際財務報告基準（IFRS）に近づけるため順次見直しが

行われ，2020年1月1日以降に開始される事業年度からは，2017年1月1日時点において有効な国際財務報告基準（IFRS）が適用されています。

また上記の基準とは別に，中小企業向けの基準である公的説明責任のない企業のための会計基準（SAK-ETAP：Standar Akuntansi Keuangan untuk Entitas Tanpa Akuntabilitas Publik）が2011年1月1日から適用開始されています。

2020年1月1日以降に開始される事業年度において適用される主なPSAKおよびISAKは以下の基準から構成されています。

| No. | 概　　要 | 関連するIFRSs |
|---|---|---|
| PSAK第1号 | 財務諸表の表示 | IAS第1号 |
| PSAK第2号 | キャッシュ・フロー計算書 | IAS第7号 |
| PSAK第3号 | 期中財務報告 | IAS第34号 |
| PSAK第4号 | 連結および個別財務諸表 | IAS第27号 |
| PSAK第5号 | 事業セグメント | IFRS第8号 |
| PSAK第7号 | 関連当事者についての開示 | IAS第24号 |
| PSAK第8号 | 後発事象 | IAS第10号 |
| PSAK第10号 | 外国為替レート変動の影響 | IAS第21号 |
| PSAK第12号 | ジョイントベンチャーに対する持分 | IAS第31号 |
| PSAK第13号 | 投資不動産 | IAS第40号 |
| PSAK第14号 | 棚卸資産 | IAS第2号 |
| PSAK第15号 | 関連会社に対する投資 | IAS第28号 |
| PSAK第16号 | 固定資産 | IAS第16号 |
| PSAK第18号 | 退職給付制度の会計および報告 | IAS第26号 |
| PSAK第19号 | 無形資産 | IAS第38号 |
| PSAK第22号 | 企業結合 | IFRS第3号 |
| PSAK第23号 | 収益 | IAS第18号 |
| PSAK第24号 | 従業員給付 | IAS第19号 |
| PSAK第25号 | 会計方針，会計上の見積の変更および誤謬 | IAS第8号 |
| PSAK第26号 | 借入費用 | IAS第23号 |

| | | |
|---|---|---|
| PSAK第28号 | 損失保険業会計 | — |
| PSAK第30号 | リース | IAS第17号 |
| PSAK第34号 | 工事契約 | IAS第11号 |
| PSAK第36号 | 生命保険業会計 | — |
| PSAK第38号 | 共通支配企業の再構築会計 | — |
| PSAK第44号 | 不動産開発の会計処理 | IFRIC第15号 |
| PSAK第45号 | 非営利法人会計 | — |
| PSAK第46号 | 法人所得税 | IAS第12号 |
| PSAK第48号 | 資産の減損 | IAS第36号 |
| PSAK第50号 | 金融商品-表示 | IAS第32号 |
| PSAK第53号 | 株式報酬 | IFRS第2号 |
| PSAK第55号 | 金融商品-認識および測定 | IAS第39号 |
| PSAK第56号 | 1株当たり利益 | IAS第33号 |
| PSAK第57号 | 引当金, 偶発負債および偶発資産 | IAS第37号 |
| PSAK第58号 | 売却目的で保有する非流動資産および非継続事業 | IFRS第5号 |
| PSAK第59号 | イスラム銀行業会計 | — |
| PSAK第60号 | 金融商品-開示 | IFRS第7号 |
| PSAK第61号 | 政府補助金の会計処理および政府援助の開示 | IAS第20号 |
| PSAK第62号 | 保険契約 | IFRS第4号 |
| PSAK第63号 | 超インフレ経済下における財務報告 | IAS第29号 |
| PSAK第64号 | 鉱物資源の探査および評価 | IFRS第6号 |
| PSAK第65号 | 連結財務諸表 | IFRS第10号 |
| PSAK第66号 | 共同支配の取決め | IFRS第11号 |
| PSAK第67号 | 他の事業体への関与の開示 | IFRS第12号 |
| PSAK第68号 | 公正価値測定 | IFRS第13号 |
| PSAK第69号 | 農業 | IAS第41号 |
| PSAK第70号 | タックスアムネスティ | — |
| PSAK第71号 | 金融商品 | IFRS第9号 |

| PSAK第72号 | 契約に基づく収益 | IFRS第15号 |
|---|---|---|
| PSAK第73号 | リース | IFRS第16号 |
| PSAK第74号 | 保険会計 | IFRS第17号 |
| PSAK Syariah | イスラム金融会計 | — |
| SAK-ETAP | 公的説明責任のない企業向けの会計基準 | SMEs<br>（中小企業向けIFRS） |

---

**コラム**

### ジャカルタの休日

　駐在経験が長くなると休日の過ごし方に困ることが多くなります。ジャカルタには多くのショッピングモールがあり，多くのインドネシア人の休日の目的地になっているようです。しかしどのショッピングモールも似通っているため，一巡すると飽きてしまい，お気に入りのショッピングモールに通うことになります。

　我が家には小学生の子供が二人いましたが，ショッピングモール巡りに飽きた後はアパートの施設で遊ぶことが多くなっていました。ジャカルタの外国人向けのアパートにはプール，テニスコートは当たり前，アパートによってはバドミントンコート，卓球，スカッシュコートを備えたところもあります。外出に車が必要で自由に出歩くことができない代わりに，日本ではなかなかない豪華な設備を楽しむことができます。もっとも，管理の質もまだまだ低いため，予約のシステムが原始的であったり，設備がすぐに劣化したりと意外なストレスがあることはご愛嬌でしょうか。

## Q105 決算期

インドネシアの会計期間について教えてください。

### Answer

会社は任意の1年を会計期間として自由に決めることができます。

国によっては，会計期間について暦年によることとされている場合などがありますが，インドネシアでは任意の1年を会計期間として自由に決めることができます。会計期間の変更には，定款の変更等の手続が必要となります。

なお，税務上は会計上の決算期を使用しますが，決算期を変更する際には管轄の税務署への事前に届けが必要（決算日の3ヶ月前まで）となるため留意が必要です。12月決算を3月決算に変更する場合，移行期間として1月〜3月の3ヶ月決算が必要になります。この期間は通常の1会計期間と同様に扱われるため，繰越欠損金の期限の算定には留意が必要です。

## Q106 インドネシア会計基準と国際財務報告基準の差異

インドネシア会計基準は国際財務報告基準とのコンバージェンスが進んでいると聞きますが，インドネシア会計基準と国際財務報告基準の差異について教えてください。

### Answer

2017年1月1日時点において有効な国際会計基準（IFRS）が適用されていますが，一部，会計処理が異なるものもあります。

インドネシアの会計基準は，2020年1月1日以降に開始される事業年度からは2017年1月1日時点において有効な国際会計基準（IFRS）が適用されているため，ほとんどの分野で現行の国際会計基準と一致しています。しかし，2017年1月1日以降に適用されるIFRSの改定は，1～2年遅れで適用されるため留意が必要です。

　大きな差異があるのは土地についての扱いです。インドネシアで土地所有権を取得できるのはインドネシア個人のみであるため，法人は土地所有権を取得することができません。このため事業権（HGU）や建設権（HGB），使用権（HP）といった権利期間が定められた権利を取得することになります。これらの権利はインドネシア会計基準では土地として取得価格で計上され償却は行われませんが，IFRSでは権利期間にわたり償却されます。

## Q107　機能通貨

**インドネシアの機能通貨について教えてください。**

### Answer

通常はルピアが使用されますが，外国通貨が機能通貨となる場合もあります。

　企業が営業活動を行う主たる経済環境の通貨である機能通貨にて記帳する必要があります。ただし，税務ではルピア建と米ドル建しか認められていません。税務上米ドル建を採用するためには，財務大臣の承認が必要となります。機能通貨が円と判断される場合には，会計上は円，税務上はルピアとなるケースもあり，その際には会計用，税務用の帳簿を作成する必要があります。

## Q108 帳簿保存期間

インドネシアでは帳簿の保存期間は定められていますか。

### Answer

原則として10年間，保存する必要があります。

インドネシアの帳簿の保存期間は，原則として10年間です。税務上の遡及期間は5年ですが，法人所得税の申告は会計上の利益を基礎として計算されるため，税務調査に備えるためにも，適切に帳簿を保存しておく必要があります。

## Q109 開示制度

インドネシアの開示制度について教えてください。

### Answer

非公開会社，公開会社等の違いにより開示が異なります。

会社法に従い大衆の資金を扱う会社，債権を大衆に発行する会社，上場会社は，株主総会の承認を受けた貸借対照表および損益計算書について，株主総会が終了してから7日以内に1紙以上の新聞に掲載する必要があります。また全ての年次報告書は株主総会の招集の日から会社に備置し，全ての株主が閲覧できるようにしなければなりません。

公開会社および上場会社は，半期報告書と年次報告書を資本市場管理庁へ提出しなければなりません。

## Q110 監査制度

インドネシアの監査制度について教えてください。

**Answer**

年次報告書はコミサリス会の監査を受ける必要があります。外資企業等は公認会計士による外部監査も受ける必要があります。

年次報告書はコミサリス会の監査を受けなければなりませんが、外資企業等、一定の条件に該当する会社は、被監査会社から独立した立場である公認会計士による外部監査も受ける必要があります。

外部監査は公認会計士による財務諸表監査であり、公認会計士は会社が作成した財務諸表の適正性について監査報告書を発行し意見を表明します。外部監査を義務付けられている会社は、この監査報告書を添付しなければ株主総会で年次報告書の承認を受けることができません。

## コラム

### ジャカルタの公共交通機関

　日本人が通常使用するのは運転手付の自家用車（または社用車）ですが，ジャカルタには公共交通機関もあります。2019年4月からはインドネシア初の地下鉄であるMRT（Mass Rapid Transit）が開通しています。MRTは日本の円借款による事業であり，日系企業が多く参画した事業であったため，日本の地下鉄と雰囲気は似ています。まだ，1路線のみのため，今後の更なる拡張が期待されています。

　また，専用レーンを走り，渋滞を避けることができる公共バスのトランスジャカルタは，多くの路線が連結しています。30円程度の定額で路線を乗り継ぐことができます。停留所には改札があり日本の地下鉄と似たような感覚です。ジャカルタ市内の移動であればかえって自動車よりも早い場合もあるのですが，日本人がスリや強盗の被害にあったというニュースもあり，外国人が気軽に利用するにはまだまだ時間がかかりそうです。

　トランスジャカルタの他にも，ドアを開放したまま走るさらに小さなバス（Metro Mini）もあり，ジャカルタ中にバス網が張り巡らされています。止めてほしい場所で運転手に告げればどこでも乗り降りすることができます。このバス網は公式な地図が存在していないようで，インドネシア人にも全容は明らかではないと聞いたことがあります。一度乗った際には，スリが他の乗客に捕まって殴られていたことを目撃したのはよい思い出です。こうした小型バスは車，バイクを持たないインドネシア人の便利な足となっているのですが，どこでも止まるため，渋滞の一因になっているとも言われています。

第**9**章

# 労務その他Q&A

● Point ●

　インドネシアは，安価で豊富な労働力が魅力ですが，管理職や技術者などの人材は不足傾向にあります。労働者の権利意識の高まりにより，ストライキやデモも発生しているため，労働環境，各種法律を理解することが重要です。

## Q111 労働環境

インドネシアでは一般労働者の採用はそれほど難しくないと聞いていますが、管理職や技術者の状況はどうでしょうか。

### Answer

インドネシアでは、毎年200万〜300万人の新規労働者が労働市場に供給されています。安価で豊富な労働力が供給されていますが、管理職や技術者などの人材は不足傾向にあります。

インドネシアの労働力人口は約1億2,000万人で、そのうち正規雇用者および自営業者が約30％、その他が約70％を占めています。毎年200万〜300万人の新規労働者が労働市場に供給されており、人口増加期にあるインドネシアの労働力を正規雇用者および自営業者以外の雇用が吸収しています。安価で豊富な労働力を背景に一般労働者は見つけやすいですが、管理職、技術者などの人材は不足しており、定着が難しくなっています。

## Q112 労働組合と労働争議

インドネシアでは労働組合が強く、会社とのトラブルが多いと聞きました。また2012年には大規模なデモやストライキが行われ、日本でも報道されましたが、なぜそのようなことが起きたのか教えてください。

### Answer

インドネシア政府が、1998年から2000年にかけて、労働組合の設立を自由化

して以降，インドネシアでは多数の労働組合が設立されました。その後，労働者の権利意識の高まりにより，ストライキやデモが多く発生しています。

## 1　労働組合

インドネシアでは，長い間，労働組合の設立が規制されていましたが，1998年6月，政府はILO87号条約（結社の自由および団結権の保護条約）を批准し，労働組合の設立を自由化しました。2000年に政府は労働組合法21号を成立させた結果，全ての従業員は，労働組合を結成し，労働組合の組合員となる権利を持つことになりました。労働組合は，10名以上の労働者が加入することにより，結成することができるため，その後多数の労組が設立・登録されました。また，労働組合法には，労働組合の上部組織についても規定があり，その規定に基づき，現在活発に活動しているインドネシア労働組合連合（KSPI）や全インドネシア労働組合連合（KSPSI），インドネシア福祉労働組合連合（KSBSI）の三大労働組合連合が設立されました。

## 2　労働争議

労働組合法の成立後，労働者の権利意識の高まりを背景にストライキ，デモなどが多く発生しています。2006年には政府が提案した労働法改正に反対するストライキなどが多発し，また近年では，2011年末から2012年初めにかけて，最低賃金をめぐりジャカルタ近郊の工業団地などで大規模なデモが起きました。2012年1月に最低賃金引上げを求めるデモは，日系企業が数多く集積するブカシ県を中心に発生し，その規模は5万人に上りました。

さらに，最近では2012年中頃からは，最低賃金に加え，アウトソーシング制度の見直しを求めて，インドネシア労働組合連盟（KSPI）などの複数の労働団体が主導する大規模なデモやストライキが多発しました。2012年10月3日にはゼネストが行われ，ブカシ県をはじめジャカルタ東部の日系企業が多い工業団地で1万人規模のデモが発生しました。一部では特定企業を狙い，破壊活動を強要する，いわゆるスウィーピング行為も行われ，操業を停止せざるを得ない

企業や自主的に休止する企業が続出しました。

　2012年後半の労働争議では，2013年最低賃金の大幅な引上げ（ジャカルタ特別州で44％）とアウトソーシング制度の見直し，という労働組合側の要求をほぼ受け入れた内容での決着となりました。2014年最低賃金の引上げについては11％（ジャカルタ特別州）で決定しましたが，労働組合への対応には引き続き注意が必要です。

## Q113　労　働　法

　インドネシアの労働法は会社側にとって厳しい内容と聞いていますがどのようなものなのでしょうか。またどのような点に気をつければ良いのでしょうか。

### Answer

　インドネシアの労働法は，労働者の地位・権利を厚く保護しています。特に，解雇の手続は複雑になっており，退職金等の支払いが必要になることもあります。

　現在の労働法2003年13号は，新労働法または労働基本法とも呼ばれていますが，1997年25号法律（旧労働法）が改正され施行されたものです。

　労働法には，雇用，賃金，労働条件，就業規則，労働協約，社会保険，退職・解雇，退職金など会社および労働者にとって重要な内容が定められています。インドネシアの労働法は，労働者の地位・権利の保護に重点が置かれ，解雇等の手続が複雑になっており，また解雇に際しては退職金等の支払いが必要になることがありますので注意が必要です。また，労働法46条1項において，外国人労働者は人事業務を担当する役職には就けないと規定されていますので，労務管理面での工夫が必要になります。

その他の主な関係法令は以下のとおりです。

・労働組合法2000年21号
・労使関係紛争法2004年2号（労使関係紛争調停）
・労働移住大臣令2011年16号（就業規則の作成と承認および労働協約の作成と登録の手続）
・労働移住大臣令2012年19号（請負または派遣に基づく業務委託）
・労働移住大臣決定2004年100号（期間の定めのある雇用契約の実施）
・労働移住大臣決定2004年102号（時間外労働と時間外労働手当）

―― コラム ――

### インドネシアにおける不正

　トランスペアレンシー・インターナショナル（国際透明性機構）が公開している，2019年腐敗認識指数（Corruption Perceptions Index, CPI）によれば，インドネシアは世界85位と中国の80位よりも低い順位となっています。国全体における腐敗度が高いことは，国民の不正に対する意識にも影響していることは否定できません。実際に多くの日系企業でも不正が発生しています。不正は動機，正当化，機会の不正のトライアングルがそろうと発生可能性が高くなるといわれています。インドネシアでは急速な経済発展による中所得者が増加しており，まわりの贅沢な生活に影響されて贅沢な生活を望むという動機が存在します。また歴史的に政府高官による賄賂や癒着などの不正が多く，現在も透明性が高くない状況は，個人にも正当化を与えているといえるでしょう。そんな状況のなか，会社が必要なチェックや監視を怠ってしまえば，従業員に機会を与えてしまうことになります。不正は必ず露見し，不正を行う本人も得をすることはありません。性悪説をとることは日本人には自然なことではないかもしれませんが，不正を行うことのできないガバナンスを築くことは従業員を守ることでもあると言えるのではないでしょうか。

# Q114 社会保障制度

インドネシアの社会保障制度はどのようになっているのでしょうか。日本と同じような社会保険があるのでしょうか。

## Answer

インドネシアの一般労働者は，国営の社会保険への加入が義務付けられています。駐在員などの外国人についても同保険への加入が義務付けられています。

このため政府は，2014年から全国民を対象とした社会保障制度（BPJS）を段階的に導入しています。BPJSは，傷害保障・死亡保障・老齢保障・年金保障等のBPJS-Ketenagakerjaan（社会保険）と病気やケガなどの際を保障するBPJS-Kesehatan（健康保険）の2つに分けられます。インドネシアに6ヶ月以上滞在する全ての外国人にも加入義務があります。

BPJSの保障内容，保険料率などは以下のとおりです。

| 保障内容 | 社会保険（Ketenagakerjaan） | | | | 健康保険 (Kesehatan) |
| --- | --- | --- | --- | --- | --- |
| | 傷害（JKK） | 死亡（JKM） | 老齢（JHT） | 年金（JP） | |
| 保険料率 | 0.24%～1.74% | 0.3% | 5.7% | 2% | 5% |
| 会社負担 | 全額 | 全額 | 3.7% | 1% | 4% |
| 個人負担 | － | － | 2% | 3% | 1% |
| 日本人加入義務 | あり | あり | あり | なし | あり |

## Q115 出向者の日本における社会保険等

インドネシアへ3年間の出向が決定しました。出向中の日本における社会保険料等の取扱いについて教えてください。

### Answer

2014年1月から新しい社会保障制度が適用されています。以前は，外国人従業員は母国で社会保障に加入していることを証明すれば，インドネシアの社会保障に加入する必要はありませんでした。新しい制度はインドネシアの全国民を加入対象者としていますが，インドネシアに6ヶ月以上滞在する外国人にも加入義務を課しています。

加入登録の義務は雇用主に課されているため，ペナルティーの対象とならないよう，加入登録の状況を適切に管理する必要があります。

実際にどの程度の保障を受けることができるのかについては不明な点もあり，会社独自の制度を維持しつつ，新しい社会保障にも加入する会社も少なくありません。


## Q116 雇　　用

インドネシアに進出してこれから従業員を採用する予定ですが雇用形態について教えてください。

### Answer

インドネシアでは，期間の定めのない雇用契約と期間の定めのある雇用契約の2つの雇用形態があります。期間の定めのある雇用契約では，行える業務や雇用期間について一定の制限があります。

インドネシアでは，通常以下の2つの雇用形態がありますが，新規に設立された会社では，まず正社員を採用されることになると思われます。

## 1　期間の定めのない雇用契約

労働者がいわゆる正社員として雇用主に終身雇用される形態の雇用契約です。書面だけでなく，口頭でも締結することができるとされています。

この契約の主な特徴は次のとおりです。
　・雇用主は最長3ヶ月の試用期間の設定が可能
　・契約を終了する場合には退職金を支払う義務がある

## 2　期間の定めのある雇用契約

労働者がいわゆる契約社員として，一定の期間または特定の業務が終了するまでの間，雇用主に雇用される形態の雇用契約になります。

この契約形態で行える業務および期間には制限があり，次のように定められています。

○　契約できる業務
　・1回限りの業務または一時的な業務
　・最長でも3年以内に完了する業務
　・季節的な業務
　・新製品，新規活動または試験・開発段階にある製品に関する業務

○　契約期間

最長2年であり，1回に限り1年以内の期間延長が可能。また更新は最初の契約終了後，30日以上経過した後に，最長2年で1回に限り可能。

試用期間はなく，また原則として退職金の支払義務はありません。

その他の雇用形態としては，日雇契約があります。

## コラム

### インドネシアにおける不正事例

　インドネシアで発生している不正の事例についていくつかご紹介します。
　長年，インドネシア現地法人に貢献した現地幹部に対する遠慮により，長期に渡り特定のキーパーソンに権限が集中している場合があります。特に，資金管理担当者や購買担当者に対して適切な内部牽制が効いていない場合，資産の横領や，経営陣や従業員の親族会社を通じた不適切な資金流出に繋がるリスクが高くなります。また，新規設立された会社の場合に，リソース不足により特定の人員に権限が集中していることが多くみられます。資金管理と売掛金の回収を経理責任者が全て行っていたことから，社長サインを偽造して預金を不正に引き出し，不足分を売掛金の回収から充当する，自転車操業を行っていたケースがあります。
　また棚卸資産の流用は倉庫番や倉庫責任者によって実行されることが多くなります。滞留品が長期にわたって倉庫に保管され，その管理に目が行き届いていなかったことが倉庫番の不正を誘発したケースがありました。日本での発生も多いのですが，スクラップ関連取引には不正が発生しやすくなります。スクラップの数量が適切に管理されていなかったことから，経理マネージャーがスクラップの売却数量を偽って報告し，差額を個人口座に振り込ませていたケースがありました。スクラップの処分には現地の外部会社の担当者が関わっていることも多く，発覚しにくいことから留意が必要です。

## Q117　労働許可証等

　インドネシアで外国人が就労する場合，許可が必要と聞きましたが，いつ，どのように手配すれば良いか教えてください。

**Answer**

　外国人がインドネシアで就労する場合には，外国人労働許可証の取得が必要

となります。また，外国人を雇用する雇用主は，技術能力開発基金への支払いが義務付けられています。

インドネシアにおける外国人の労働には，労働移住大臣等の許可が必要と定められています。また外国人の労働は特定の職務および期間に限られ，役職規定や能力基準を遵守することが求められています。

外国人労働許可証（IMTA）の取得手続は以下のとおりです。

## 1　外国人労働者雇用計画書（RPTKA）の提出と許可取得

現地会社は外国人労働者雇用計画書（RPTKA）を作成し，労働移住省本省（または投資省）に提出します。

記載する内容は，主に，派遣外国人の数，職務，任期，賃金，勤務地等の明細のほか，現地人従業員への権限委譲計画や，そのための教育計画などです。また，提出にあたっては，会社の設立証書や事業認可書，所在証明書，組織図などを添付します。RPTKA承認書の有効期限は規定により最長5年間とされています。

## 2　推薦状発行申請

外国人労働者雇用計画書について承認書を入手した後，労働移住省に対し，赴任者用のビザ発行の前提となる労働省の推薦状（TA-01）発行を申請します。通常，1営業日で発行されます。

＜労働省の推薦状（TA-01）の申請に必要な書類＞
・RPTKAの承認決定書の写し
・外国人労働者のパスポートの写し
・外国人労働者の履歴書
・外国人労働者の卒業証明書あるいは労働経験証明書の写し

## 3　一時滞在ビザの申請

　労働省の推薦状（TA-01）が発行された後，法務人権省入国管理総局に対して，赴任者の「一時滞在ビザ」を申請します。同ビザの発給許可が下ると，同総局から在日インドネシア公館に「ビザ（VTT）許可書」が電送され，それを受信後，在日公館は赴任者に現地入国可能な「一時滞在ビザ」を発給します。この時点で，派遣者の現地赴任が可能になります。

## 4　技術能力開発基金（DPKK）の支払い

　外国人を雇用する雇用主は，技術能力開発基金（DPKK）の支払いが義務付けられています。DPKKは，インドネシア人労働者の技術能力開発に活用されることになっており，外国人1人につき月100米ドル，1年の場合は計1,200米ドルを労働移住省指定銀行に納付する必要があります。DPKKの支払いは，外国人の労働許可取得の条件の一つになります。

## 5　外国人労働許可証（IMTA）および暫定居住許可証（KITAS）の申請・取得

　DPKKの納付後，労働移住省に「外国人労働許可証：IMTA」を，さらに赴任者居住予定地の入国管理事務所に「暫定居住許可：KITAS」を同時に申請します。IMTAは申請後，10～15営業日で発行されます。

　なお，赴任者がインドネシアに入国後7日以内に入国管理事務所に出頭し，本人署名や指紋押捺を済ませると，数日後にはKITASが発給されます。

　以上，有効期限が最長1年のKITASとIMTAの取得で，赴任者は現地会社での就労が可能になりますが，その他に，外国人着任報告（LKOA）の提出や，Immigration Control Book（POA）・住民登録（SKTT）・警察登録証明（通称イエローカード）等の取得も必要です。

　また，赴任地によっては，手続が上記とは多少異なる場合があります。上記の一連の手続は，申請ごとに必要提出書類も多種で，煩雑な点が多々あるため，信頼できる現地エージェントに手続代行を依頼されることをお勧めします。な

お，手続の変更等は頻繁ですので，その都度関係機関に詳細を確認することが必要です。

＜労働許可証取得手続の概要＞

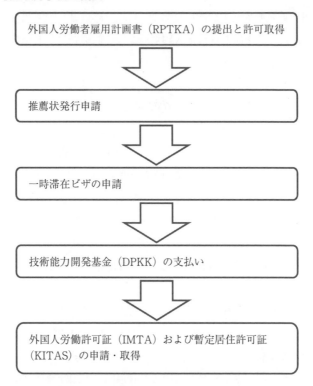

## Q118 労働時間

インドネシアでは週6日勤務が一般的なのでしょうか。労働時間について教えてください。

### Answer

　インドネシアでは，週5日勤務または週6日勤務のいずれかをそれぞれの会社が選択することができます。どちらを選択するかにより，1日当たりの労働時間が異なります。

　インドネシアの労働時間は以下のとおり定められています。
・週6日の場合，1日7時間以下，週40時間以下
・週5日の場合，1日8時間以下，週40時間以下
　週6日または週5日のいずれを選択するかはそれぞれの会社の判断に任されています。
　また時間外労働については，労働者の合意を得ることを条件に，1日3時間，週14時間まで可能となっています。休憩時間は，連続して4時間労働した場合，最低30分の休憩を与える必要があります。なお，休憩時間は労働時間に算入されません。

## Q119　賃　金

　インドネシアへの進出を検討しています。インドネシアでは最低賃金が毎年引き上げられると聞きましたが，インドネシアの賃金体系について教えてください。

### Answer

　インドネシアの賃金体系は，一般的に，固定給・変動給および時間外手当により構成されています。インドネシアでは，労働法により州ごとに最低賃金額が定められており，毎年1月に改定されます。

インドネシアでは，賃金は，固定給・変動給および時間外手当により構成されています。固定給は基本給と固定手当で構成されており，固定給のうち基本給は75％以上にしなければならないと定められています。

また，固定給と変動給の割合については，給与総額のうち固定給が75％以上を占める必要があり，変動給の割合は25％以下である必要があります

## 1　最低賃金

最低賃金の支払いが労働法で保障されており，金額は各州の知事により，毎年1月に改定されます。また最低賃金は，固定給（基本給と固定手当）を基準に算定され変動給は考慮されません。

## 2　宗教祭日手当（THR）

労働法には，賞与に関する規定がなく，就業規則，個別雇用契約または労働協約に定めがない限り，会社が賞与を支給する義務はありません。しかしながら，賞与に近い性格のものとして，宗教祭日手当（THR）の支給が会社に義務付けられています。宗教祭日手当は，遅くとも各宗教の祭日の7日前までに，3ヶ月以上勤務している労働者に対して支給する必要があります。

## 3　時間外手当

時間外手当の計算方法は以下のとおりです。

### (1) 平日の時間外手当

・最初の1時間：時給の1.5倍
・その後の時間：時給の2倍
　＊　時給：1ヶ月分の固定給（基本給および固定手当）$\times \frac{1}{173}$

(2) 休日出勤および時間外手当

|  | 週6日勤務(祝日) | 週6日勤務(祝日以外) | 週5日勤務 |
| --- | --- | --- | --- |
| 5時間目まで | 時給の2倍 | 時給の2倍 | 時給の2倍 |
| 6時間目まで | 時給の3倍 | | |
| 7時間目まで | 時給の4倍 | | |
| 8時間目まで | | 時給の3倍 | |
| 9時間目まで | − | 時給の4倍 | 時給の3倍 |
| 10時間目まで | | | 時給の4倍 |

## Q120 ストライキ

インドネシアでは一時頻繁に過激なストライキが行われたと聞きましたが、法律上の規定はどうなっているのでしょうか。

### Answer

インドネシアの労働者および労働組合は、規則に則りストライキを行う権利を有しています。労使間交渉の不成立、および、ストライキ実施の7日前までに会社および労働移住省地方局に対して書面で通知することを要します。

労使間の交渉が不調に終わった結果として、規則に則り、平和的に行われるストライキは、労働者および労働組合の権利として保障されています。
以下の2つの条件を満たすストライキは合法的ストライキとなります。
① 労使間の交渉が次の事由により不成立となること
 ・組合が労使交渉を14営業日以内に2回要求したにもかかわらず会社が交渉に応じない
 ・労使間の交渉不調について正式な議事録が残されている
② 労働者または労働組合がストライキ実施の7日前までに会社および労働移

住省の地方局に対し，書面にて必要な事項を記載し通知すること

一方，労使間の交渉不調，ストライキ実施7日前までの書面による通知のいずれか一方の条件でも満たさないストライキは，違法ストライキとなります。

### コラム

#### デモとストライキ

インドネシアではデモとストライキはまだまだ一般的な出来事となっています。労働法規関連や賃上げ要求によるもの，政治・宗教関連で行われるものなど様々な理由でデモが行われています。またインドネシアでは最低賃金の決定が各地域単位で毎年行われますが，この決定に基づいて各企業での賃上げが交渉されます。この毎年の賃上げ交渉の際には，ストライキや，組合員が他の企業に侵入して従業員を強制的に参加させるスイーピング，工業封鎖（ロックアウト）などが毎年のように発生しています。労働組合との根気を持って交渉を行い，最終手段であるストライキやロックアウトまで至らせないことが肝要です。スイーピングは周囲の情報を収集し，警備員により敷地内に入れさせない管理が必要となります。

私も工場訪問予定の際に工業団地内のデモ行進に遭遇したことから，アポイントメントをキャンセルして早々に逃げ帰ったことがあります。

## コラム

### インドネシアの祝祭日

　皆さん，インドネシアの祝祭日は何日あるかご存知ですか。インドネシアではイスラム教だけでなく，キリスト教，ヒンズー教，仏教の祝日も国の祝祭日になります。2021年は，基本の祝日が16日，さらに政令で定めた政令指定休日が6日，合計22日。日本は16日ですから，やはりインドネシアは休みが多いようですね。

2021年

| | | | |
|---|---|---|---|
| 1月 | 1日（金） | | 新年 |
| 2月 | 12日（金） | | イムレック（中国歴2572年元日） |
| 3月 | 11日（木） | | ムハマド昇天祭 |
| 4月 | 14日（日） | | ニュピ（サカ暦1943年新年）＊1 |
| | 2日（金） | | キリスト受難日 |
| 5月 | 1日（土） | | メーデー |
| | 12日（水） | | 政令指定休日 |
| | 13日（木） | | キリスト昇天祭 |
| | 13日（木）～14日（金） | | イドゥル・フィトリ（1442年断食明け大祭） |
| | 17日（月）～19日（水） | | 政令指定休日 |
| | 26日（水） | | ワイザック（仏教大祭） |
| 6月 | 1日（火） | | パンチャシラの日 |
| 7月 | 20日（火） | | イドゥル・アドハ1442年（メッカ巡礼最終日） |
| 8月 | 10日（火） | | イスラム歴1443年新年 |
| | 17日（火） | | インドネシア共和国独立記念日 |
| 10月 | 19日（火） | | ムハマド降誕祭 |
| 12月 | 24日（金） | | 政令指定休日 |
| | 25日（土） | | クリスマス |
| | 27日（月） | | 政令指定休日 |

（出典）インドネシア共和国観光省公式ホームページ

＊1　「ニュピ」はサカ暦のバリの正月です。この日は空港等も閉鎖され，終日外出することができません。
＊2　祝祭日は変更になる場合があります。

## コラム

### お手伝いさん

　インドネシアでの妻の奮闘記です。私が最初に赴任した1990年代には，家族連れの駐在員は普通の一軒家に住んでいました。最初，お手伝いさんが2人いました。料理をするお手伝いさん（コキ）と掃除をするお手伝いさん（チュチ）です。お互いに言葉はほとんど通じません。それでも何とかなるから不思議です。喧嘩はいつものことでしたが，近所にある日本食スーパーや少し離れた地元のパサール（市場）に一緒に歩いて行ったと後で聞かされ驚いたことを覚えています。当時は，場所によっては，今より治安が良かったといえるかも知れません。2人のお手伝いさんは，しばらくして辞めてしまいましたが，妻が彼女達との一緒の暮らしを楽しんだかどうか，本当のところは今も分かりません。

# 第10章

# インフラに関するQ&A

● Point ●

　インドネシアのインフラに関しては，ジャカルタや中核都市においてはある程度整備されているといえます。政府は中長期の国家開発計画を策定し，インフラを含め，ビジネス環境・投資環境の整備・改善を進めています。日本から投資対象国として大変注目されているインドネシアのインフラの現状を理解して，ビジネス戦略を立てることが大変重要となります。

## Q121 投資環境としてのインフラ整備状況

インドネシアのインフラ整備の状況について教えてください。

**Answer**

　インドネシアへの投資に対する日本企業の関心は年々高まっていますが、インフラについては依然として課題を抱えています。
　インドネシアのインフラ整備は、同国の持続的成長のボトルネックとなる可能性もありますが、インフラ整備に関連する企業にとっては、ビジネスチャンスでもあります。

### 1　インドネシアのインフラ整備状況

　ジャカルタ市では激しいスコールにより市の中心部が交通マヒに陥ることがあります。都市排水機能の未整備により、物流関係の車両も多数往来する目抜き通りやハイウェイなど各所で酷い交通渋滞が発生し、経済活動にも影響を与えています。
　国際協力銀行が海外展開を検討している製造業企業に対してアンケート調査を実施した結果によると、インドネシアは中期的海外事業展開先として有望な国の一つであり、その理由として「現地のマーケットの今後の成長性」や「安価な労働力」などが挙げられています。一方で、「他社との激しい競争」や「インフラが未整備」であることを懸念する企業が多くなっています。

| 有望理由 | | | 課題 | | |
|---|---|---|---|---|---|
| 1位 | 現地マーケットの今後の成長性 | 96社 | 1位 | 他社との激しい競争 | 49社 |
| 2位 | 現地マーケットの現状規模 | 57社 | 2位 | 労働コストの上昇 | 39社 |
| 3位 | 安価な労働力 | 32社 | 3位 | 法制の運用が不透明 | 37社 |
| 4位 | 組み立てメーカーへの供給拠点として | 25社 | 4位 | インフラが未整備 | 30社 |
| 5位 | 産業集積がある | 18社 | 5位 | 管理職クラスの人材確保が困難 | 29社 |
| 回答企業数 | | 127社 | 回答企業数 | | 115社 |

（出典）　国際協力銀行『わが国製造業企業の海外事業展開に関する調査報告－2018年度海外直接投資アンケート結果（第25回）－』

　インドネシアの進出開発課題としては，様々なものが挙げられますが，その中でもインフラ，特に電力・物流インフラ整備が大きな課題といえます。インドネシアへの進出を検討されている企業にとって，インフラは身近な課題ですが，その整備が首尾よく進んでいない現状があります。

　インドネシアでは，インフラ整備に民間資金を活用するPPP（Public Private Partnership：官民パートナーシップ）方式を積極的に使用していく方針が打ち出されています。一方で，インフラの迅速・タイムリーな開発のためには以下のような課題もあります。

・資金調達の難しさ
・インフラ開発のための融資に対する政府保証の手続・プロセス等が複雑であること
・インフラ建設用地の収用が民間だけでは困難であること
・法制度整備が不足もしくは実態に伴った法改正が必要であること

　今後も，政府主導の下で民間資金を活用しての物流，電力，都市インフラの整備が実行されていくものと思われます。また，経済成長の拡大に伴う，所得の増加，消費の活発化を背景に，通信インフラや流通インフラの整備も進むものと期待されています。

## Q122 国家開発計画

インドネシアの国家開発計画にはどのようなものがありますか。

### Answer

インドネシア政府では，インフラ整備を含めた様々な国家開発計画が策定されています。

インドネシアのインフラ開発は，基本的に政府が作成するマスタープランに基づいて実行されています。インドネシア政府はインフラ整備を含め，経済・社会の発展のために様々な開発戦略・計画を策定しています。また，それらの開発戦略・計画の策定には，日本の国際協力機構などの各国援助機関や国際機関などが支援しています。ここでは，これまでに策定されている主要な開発戦略・計画と支援機関の取組みを紹介します。

## 1 インドネシアの国家開発計画

(1) **国家長期開発計画（RPJPN（2005年～2025年））**

インドネシアのユドヨノ大統領政権は，発足後の2005年に，国家開発企画庁（BAPPENAS）を通じて2025年までの長期開発計画を策定しました。これが，インフラ開発計画の上位計画です。この長期開発計画の目標は，「自立的な国家運営を目指すインドネシア」であり，経済的に先進国に依存しない国家の形成，開発途上国からの脱却というユドヨノ政権の強い意欲が現れたものです。20年の計画を以下のとおり5年ごとに分けて目標を掲げています。

・第1期（2005年～2010年）：安全・平和・平等・民主的な成長を目指す
・第2期（2010年～2014年）：科学・技術の発展と経済競争力，人材の質の向上を目指す

・第3期（2015年～2019年）：資源と人材，成長し続ける科学・技術力に基づいた経済的競争力を構築する
・第4期（2020年～2024年）：競争力のある経済基盤をもとにあらゆる分野における発展を加速させ，自立・発展・平等を実現する

数値目標として，2011年～2014年は年平均経済成長6.4～7.5％，2015年～2025年は8～9％を目標としています。また，2025年には高所得国と同程度の所得水準（現在の全世界的な定義ではおよそ年収120万円）を目指すべく，5年ごとに目標を定めています。さらに，長期開発計画に基づき5カ年計画として国家中期開発計画が策定されています。

(2) 経済開発迅速化・拡大マスタープラン（MP3EI（2011年～2025年））

インフラ開発の遅れに対する懸念により，インドネシア政府は，2011年5月に，その解決を図る具体的施策として，経済開発迅速化・拡大マスタープラン，通称，MP3EI（Master Plan for Acceleration and Expansion of Indonesia's Economic Development）と呼ばれる計画を策定しました。このMP3EI自体は，インフラ整備に特化した計画ではありませんが，その基本計画における所要投資総額4,000兆ルピアのおよそ5割に当たる1,900兆ルピア（15兆円）がインフラ整備に割り当てられている等，経済発展の基盤としてのインフラ整備に重点を置いたものになっています。なお，重点的なインフラ整備が必要な分野は電力・エネルギー開発，道路整備，鉄道整備などとされています。

2014年に誕生したジョコウィドド大統領は具体的な投資策として，スカルノ・ハッタ国際空港第3ターミナル開業に代表される各地の港湾，空港の整備，ジャカルタ-チカンペック高速道路の2階層化，ジャカルタ都市高速鉄道（MRT：2019年3月開業），ジャカルタ首都圏鉄道（LRT）を精力的に推し進めています。

また，本マスタープランは，全国を6つの経済回廊（スマトラ，ジャワ，カリマンタン，スラウェシ，バリ・ヌサントゥンガラ，パプア・マルク諸島）に設定し，各回廊内および各回廊間を結びつけるコネクティビティ強化のためのインフラ整備を目指す計画となっています。

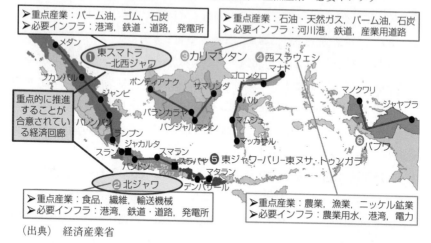

## 2 国際協力機構などの支援

　現在,インドネシアでは,世界銀行やアジア開発銀行などの多くの援助機関が活動しています。なかでも,日本の国際協力機構はインドネシアの開発計画の策定とその実行に対する支援を積極的に行っています。インドネシアにおけるインフラ整備に対する,今日の日本の関与・貢献としては,「首都圏投資促進特別地域構想(MPA)」が挙げられます。

　先の経済開発加速化・拡大マスタープラン(MP3EI)の中で,インドネシア政府は,経済回廊構想の第1フェーズとして,ジャカルタ近郊の整備に着目しました。MPAは,日本政府が日本企業による投資の促進も目的として,インフラニーズの高いジャカルタ首都圏における投資環境整備に向けてを発表した構想です。国際協力機構等を通じて,マスタープラン作りや個別案件の実現可能性調査の実施等の支援が行われています。

　以下はMPAにおいて早期実現が求められるファスト・トラック案件の一覧です。電力や上下水道,港湾といった優先すべき個々の案件が選ばれています。

| セクター | 事　業 |
|---|---|
| 港湾 | 北カリバル改修および拡張（タンジュン・プリオク港），チラマヤ新国際港整備・アクセス道路整備 |
| 工業団地 | スマートコミュニティ（東ジャカルタ工業団地パイロットプロジェクト） |
| 公共交通 | ジャカルタ都市高速鉄道（MRT），ジャカルタ首都圏鉄道輸送能力増強 |
| 道路 | ジャカルタ首都圏道路ネットワーク改善，ジャカルタ東部工業地域道路ネットワーク |
| 空港（関連施設含む） | スカルノ・ハッタ国際空港アクセス鉄道建設，スカルノ・ハッタ国際空港拡張 |
| 上下水道 | ジャカルタ首都圏水供給 |
| 廃棄物処理 | 西ジャワ廃棄物複合処理施設建設 |
| 洪水管理 | プルイット排水機場改修 |
| 電力 | ジャワ＝スマトラ連系送電線計画，インドラマユ石炭火力発電計画，バンテン石炭火力発電所，ガス火力発電所および浮動式貯蔵設備開発，ラジャマンダラ水力発電計画，中部ジャワ石炭火力発電計画 |

（出典）　外務省http://www.mofa.go.jp/mofaj/files/000022671.pdf

　必ずしも，これら案件の全てが日本企業の手により実施に移されるということではありませんが，日本政府は，インフラ・システム輸出促進の観点からも，これらの案件に対して円借款を供与する等の働きかけを行っています。

## 3　ジャカルタ首都移転計画

　インドネシアのジョコ大統領政権は，ジャカルタやジャワ島への人口集中による負担を軽減するため，2019年8月に，ジャカルタから東カリマンタン州のクタイカルタヌガラと北プナジャムパスルの両県の一部に首都を移転する計画を正式に発表しています。今後，移転に関する具体的な法整備が進められるとともに，道路や政府系施設の建設などインフラ整備について着手し，早ければ2024年までに主要施設の移転が開始される予定です。新首都移転に必要な費用

は466兆ルピア（約3兆5,000億円）と試算されており，政府予算，資産運用およびPPP方式の活用によってまかなう方針です．

## Q123 エネルギー開発・電力事情

インドネシアのエネルギー開発や電力事情はどのような状況ですか。

**Answer**

インドネシアは豊富な天然資源を有しており，水力・火力とともに，地熱などの再生可能エネルギー開発にも力を入れています．電力需給は未だ逼迫している状況であり，電力供給量は今後増加していく計画となっています．

### 1　インドネシアの天然資源

インドネシアは，豊富な天然資源を有しています．原油，天然ガスの生産量はアジアにおいて上位にあり，日本へのLNG（液化天然ガス）の輸出量はアジア域内最大です．その一方で，石油，天然ガスともにアジア通貨危機による投資の停滞や，既存鉱区の老朽化などにより近年生産が減少しているのが現状です．このような中，2004年には石油の純輸入国となり，2008年末にはOPECから一時的に脱退するという状況に至りました．なお，インドネシアはオーストラリアに次ぎ世界第2位の石炭輸出国でもあります．

インドネシアは，日本にとって重要なエネルギー供給国（液化天然ガス，石炭，石油など）です．日本がインドネシアから輸入する液化天然ガスおよび石炭は，日本の全輸入量の2割弱と高い割合を占めています．

### 2　インドネシアの電力事情

インドネシアでは，慢性的な電力不足が課題となっています．その解消のた

め，インドネシア政府は石油依存低減（第1次）と非化石燃料（第2次）による発電という2つの電源開発プログラムが策定されました。しかしながら両プログラムでは多くのプロジェクトの開発に遅れが生じたことから，見直しが行われ，2015年から2019年までの期間で35GW（ギガワット），2025年までにさらに35GWの追加電源計画が策定されています。

## Q124　PPPを活用したインフラ整備

PPP（Public Private Partnership：官民パートナーシップ）方式によるインフラ整備はどのような状況でしょうか。

**Answer**

インドネシア政府は，多くのインフラ整備をPPP方式によって実施する計画であり，民間資金の導入を通じて政府債務を減らしていくことを目指しています。

### 1　PPP方式によるインフラ整備計画

2005年からユドヨノ大統領により，PPP方式によるインフラ整備を促進する政策が打ち出され，関連する法制度の設計が進められてきました。現在のジョコウィ大統領も2015年3月に新規にPPPに関する大統領令を制定し，PPP事業における政府支援対象セクターの拡大，アヴェイラビリティ・ペイメントの導入など，PPPによるインフラ整備を加速するための制度改善に取り組んでいます。アベイラビリティ・ペイメントは利用料金を財源とする料金徴収型ではなく，民間事業者のパフォーマンスに対して政府契約機関が支払を行う方式で，民間事業者にとって事業リスクが少ないため，活発な参入を促すものとして期待されています。

現在のところ，PPP方式によるインフラ整備は国家開発企画庁（BAPPENAS）

により進められており，対象セクターも電力，上水道，鉄道，高速道路，港湾，廃棄物等の多岐にわたっています。

さらに，ジョコ大統領はジャカルタやジャワ島への人口集中による負担を軽減するため，2019年8月に，ジャカルタから東カリマンタン州のクタイカルタヌガラと北プナジャムパスルの両県の一部に首都を移転する計画を正式に発表しています。今後，移転に関する具体的な法整備が進められるとともに，道路や政府系施設の建設などインフラ整備について着手し，早ければ2024年までに主要施設の移転が開始される予定です。新首都移転に必要な費用は466兆ルピア（約3兆5,000億円）と試算されており，政府予算，資産運用およびPPP方式の活用によってまかなう方針です

## 2　PPP方式によるインフラ整備の課題と現状

2005年に打ち出したPPP方式でのインフラ整備に向けた動きは，簡単には実現に至っていないのが現状です。その原因の一つは，官民のリスク分担の不明確さといえます。このような状況を受け，ユドヨノ政権2期目の2010年には，PPPに関する規制が改正され，政府の関与・支援内容が明確化されました。具体的には，政府の民間企業への支援として以下が含まれることとなりました。

- 政府保証等の財政支援策
- 許認可取得，土地収用，建設の一部実施
- 税制優遇

その後，2009年にPPP案件の資金面での支援ツールとして，世界銀行の支援により，政府100％出資のインドネシアインフラ保証ファンド（IIGF：Indonesia Infrastructure Guarantee Fund）が設立され，PPP案件に対する債務保証を行っています。これは，政府の偶発債務を増加させずにPPP案件に政府保証を与えることを目的に，政府の財政とは切り離して設立されたものです。

また，官民ファンドとしてPT　Indonesia Infrastructure Finance（IIF）が2009年に設立され，日本からも三井住友銀行が，アジア開発銀行や国際金融公社とともに一部出資を行っています。

さらに，インフラ利用者から徴収した料金が基本的な収入となり，かつ，民間投資家目線では十分な利益が得られないような案件に対して，そのギャップを埋めるためのバイアビリティ・ギャップ・ファンド（Viability Gap Fund：VGF）を，インドネシア政府が供与できるような仕組みも導入されています。

2014年に就任し，現在2期目となるジョコ・ウィドド大統領も前政権の方針を引き継いでおり，最近では，PPP契約に基づいた所定の品質でインフラサービスが提供される場合に，その対価として政府契約機関が民間事業者に対して定額支払いを約束する制度であるアヴェイラビリティ・ペイメントなどの新しい方法が導入されています。

今後，これら支援ツールの活用に加え，国内外の民間投資家の意見も取り入れながら，適切なPPPスキームのもとでインフラ整備が促進されることが期待されます。

---

**コラム**

### メイドさんの今

　メイドさんは今でも一般的に利用されています。昔に比べるとお給料は上がっていますが，日本では考えられないほどの金額です。長年日本人についており，日本語可，日本食は日本人主婦よりもレパートリーが多いスーパーメイドと言われるメイドさんもいます。そんなメイドさんは自分が豚肉を食べられないにも関わらず，味見なしで完璧な豚肉料理を提供すると言います。完璧なメイドさんは，ご家族のインドネシア生活を充実させる大きな助けになりますが，奥様が日本に帰りたがらない，日本に帰っても家事をしたくなくなるといったリスクもあるようです。

　我が家は通いのメイドさんでしたが，妻は仲良くなっていたようです。気が付けば私よりもインドネシア語が上達していました。インドネシア人は噂話が大好きで，いろいろな家庭の内情を話してくれるからのようです。メイドさん同士，運転手さん同士のネットワークがあり，日本人よりも日本人の裏情報に詳しかったりもします。皆さんもご用心あれ。

## Q125 工業団地／経済特区

工業団地と経済特区の概要について教えてください。

**Answer**

進出にあたっては，インフラ整備の面，優遇措置の面から工業団地，経済特区の活用も考えられます。

### 1 工業団地

工業団地の特徴は，インフラが整備されていることです。道路や最寄りの高速道路へのアクセス，電力，水道，給排水設備などが整っており，最近では，中小企業向けのレンタル工場や駐在員向けのアパートを工業団地内に用意するところも出てきています。

一方，2011年頃から日系企業の進出が急増したため，賃貸料が高騰，需給が逼迫してきており，大きな懸念材料となっています。

インドネシアの主な工業団地は以下のとおりです。

(出所) BKPM

## 主なインドネシア工業団地

### 西ジャワ

① Jakarta Industrial Estate Pulogadung
② Nusantara Bonded Zone
③ Marunda Industrial Park
④ Krakatau Industrial Estate – Cilegon
⑤ Modern Cikande Industrial Estate
⑥ Pasar Kemis Industrial Estate
⑦ Cikarang Industrial Estate
⑧ MM 2100 Industrial Town
⑨ Bekasi International Industrial Estate (BIIE)
⑩ Bekasi International Industrial Estate

⑪　East Jakarta Industrial Park（EJIP）
⑫　Karawang International Industrial City（KIIC）
⑬　Suryacipta City of Industry
⑭　Bukit Indah Industrial Park
⑯　Cirebon Industrial Estate, Bogor
㉜　Greenland International Industrial Center（GIIC）

## 中部ジャワ

⑮　Cirebon Industrial Estate, Cirebon
⑰　Cilacap Industrial Estate
⑱　Turboyo Industrial Estate
⑲　Tanjung Emas Export Processing Zone
⑳　Guna Mekar Industrial Estate

## 東部ジャワ

㉑　Ngoro Industrial Park
㉒　Gresik Industrial Estate
㉛　PIER（Pasuruan Industrial Estate Rembang）

## バタム島

㉓　Kabil Industrial Estate
㉔　Batam Industrial Park
㉕　Bintang Industrial Park
㉖　Spinindo Mitradaya Batam Industrial Estate
㉗　Batamasia Industrial Park

## ビンタン島

㉘　Bintan Industrial Estate

## 北スマトラ

㉙　Medan Industrial Estate

## 南スラウエシ

㉚　Makassar Industrial Estate

## 2 経済特区

優遇措置のある地域と主な優遇内容等については以下のとおりです。

(1) **保税地区（KB）**
○ 対象者：保税地区に立地する企業
○ 優遇内容
・原材料や資本財などの輸入に課される関税およびその他の税金が免除
・輸出や他の保税地区への販売，自由貿易地域への販売，政府が定めたその他の経済特区への販売の前年実績額（合計）の50％を限度として，通常の輸入手続を行った商品などを国内向けに販売可能。
・保税地区内での他企業への販売や，保税地区外への下請け工場に加工に出す場合および加工後に製品を引き取る場合の付加価値税等を免除。

(2) **自由貿易地域（FTZ）**
○ 対象地域：バタム島，ビンタン島，カリムン島
○ FTZにおける輸出入手続
・商品等の輸出入は，関係法令で定められた指定の港・空港を通じて，自由貿易地域管理庁から許可を取得した業者によって行われる。
○ 優遇内容
・FTZ内の事業者は，付加価値税の課税業者登録（PKP）を行う必要がなく，FTZ内の商品の販売に対する付加価値税は免除。
・海外や他の自由貿易地域等からの輸入には，輸入関税や付加価値税，前払い法人税（PPH 22）が免除。

(3) **経済統合開発地域（KAPET）**
○ 対象者：KAPETに立地する企業
○ 主な対象地域
・ ナツナ島経済統合開発地域（リアウ州）
・ ビアク経済統合開発地域（イリアン・ジャヤ州）
・ バトゥリチン経済統合開発地域（南カリマンタン州）
・ ササンバ経済統合開発地域（東カリマンタン州）

- サンガウ経済統合開発地域（西カリマンタン州）
- マナド・ビトゥン経済統合開発地域（北スラウェシ州）
- ムバイ経済統合開発地域（東ヌサ・トゥンガラ州）
- パレ・パレ経済統合開発地域（南スラウェシ州）
- セラム経済統合開発地域（マルク州）
- ビマ経済統合開発地域（西ヌサ・トゥンガラ州）
- バトゥイ経済統合開発地域（中部スラウェシ州）
- ブトン，コラカ，クンダリ経済統合開発地域（東南スラウェシ州）
- カハヤン，カプアス，バリト経済統合開発地域（中部カリマンタン州）
- サバン経済統合開発地域（アチェ特別州）

○ 優遇措置
① 製造活動に直接使用される資本財，原材料，その他機械の輸入に対して，前払い法人税（PPH 22）を免除
② 減価償却期間の短縮
③ 欠損金の繰越期間を課税年度翌年から最高10年間へ延長
④ 所得税法26条に定めた配当金に対する源泉税の50％を免除
⑤ 以下を製造経費として計上可能
　a 従業員への現物支給で従業員の収入として計上されない費用
　b 事業活動と直接的に関わり，かつ公共の便宜に資する地域施設の建設，開発費
⑥ 特定取引に対する付加価値税，奢侈品販売税の免除

## コラム

### ジャカルタの交通渋滞

　インドネシアの渋滞はもう何年も前からひどい状況であり，日本でもすでに広く知られています。歴史的にインフラ投資を避けてきたことから交通量に見合った道路が足りていないのが実情です。

　2014年から現政権を率いているジョコウィ大統領の下でインフラプロジェクトが進められており，2019年4月からはインドネシア初の地下鉄であるMRT（Mass Rapid Transit）が，2019年12月からは工業団地へとつながるチカンペック高架第2高速道路が開通するなど，渋滞状況には改善が見られます。また，現在も地下鉄MRTの拡張計画や，都市軽量鉄道のLRT（Light Rail Transit）の建設，首都圏の高速道路の更なる拡張計画・建設が進められています。このため，新しい工事のため局地的にはかえって渋滞が悪化している状況となることも珍しくありません。このような状況のため，ジャカルタから工業地帯までの長い通勤時間を回避するため，工業地帯近郊に住む日本人も増加しています。

　いずれにしてもまだしばらくは交通渋滞とお付き合いをしなければいけないようです。車の中で日頃の睡眠不足を解消しながら，インドネシアに合わせてプランプラン（ゆっくり）といきましょう。

# 索　引

〔アルファベット〕

ALP：独立企業間価格 ............ 104
APA：事前確認制度 ............... 113
API：輸入業者認定番号 ............ 35
API-P：製造輸入業者認定番号 ...... 36
API-U：一般輸入業者認定番号 ...... 35
BAPPENAS：国家開発企画庁 ...... 192
BEPS：税源浸食と利益移転 .... 104,112
BKPM：インドネシア共和国投資省
.................... 13,20,43,64
BPHTB：土地建物の権利取得税 .... 101
BPJS：社会保障制度 ............. 176
BPJS-Kesehatan：健康保険 ........ 176
BPJS-Ketenagakerjaan：社会保険 ... 176
CA：相手国の権限ある当局 ........ 112
CFC：外国関係会社 ............... 100
CP：原価基準法 .................. 110
CUP：独立価格比準法 ............. 110
DER：負債資本比率 ................ 98
DGT：国税総局 ........ 98,112,151,152
DPKK：技術能力開発基金 ......... 181
FTZ：自由貿易地域 ........... 96,203
HGB：建設権 ..................... 166
HGU：事業権 ..................... 166
HP：使用権 ...................... 166
IFRS：国際会計基準 .............. 161
IIGF：インドネシアインフラ投資ファンド
................................ 198
IMTA：外国人労働許可証 ......... 180
ISAK：会計基準の適用の為の会計指針
................................ 161
KAPET：経済総合開発地域 ..... 96,203
KB：保税地区 .................... 203
KITAS：暫定居住許可証 .......... 181
KSBSI：インドネシア福祉労働組合連合会
................................ 173
KSPI：インドネシア労働組合連合 ... 173
KSPSI：全インドネシア労働組合連合 173
Kwanli：上位の税務署 ............ 150
LKOA：外国人着任報告 ........... 181
MAP：相互協議 ................... 111
MLI：BEPS防止措置実施条約 ... 156,157
MP3EI：経済開発迅速化・拡大マスタープラン
................................ 193
MPA：首都圏投資促進特別地域構想 194
NIB：事業基本番号 ................ 21
NIK：通関基本番号 .......... 35,36,40
NPIK：特別輸入業者登録番号 .... 35,36
NPWP：納税番号 ............... 21,64
OJK：金融サービス庁 ............. 161
OSS：オンラインシングルサブミッション
............................ 21,22
PE：恒久的施設 ............ 74,75,156
PEB：輸出申告書 .................. 40
PKP：付加価値税課税業者登録 .... 203
PMA：外資企業 ................... 72
POA：Immigration Control Book ... 181
PPH：所得税 ..................... 70
PPP：官民パートナーシップ ... 191,197
PPT：主要目的テスト ............. 155
PSAK：インドネシア会計基準 ...... 161

RP：再販売基準法 ……………… 110
RPJPN：国家長期開発計画 ……… 192
RPTKA：外国人労働者雇用計画書 … 180
SAK-ETAP：公的説明責任のない企業のための会計基準 ……………… 162
SKTT：住民登録 ………………… 181
SNI：インドネシア国家資格 ……… 36
SPUH：召喚状 …………………… 150
TDP：会社登録証 ………………… 64
THR：宗教祭日手当 ……………… 184
TNMM：取引単位営業利益法 …… 110
TPM：移転価格算定方法 ………… 110
VAT：付加価値税 ‥ 68,136,153,154,155
VTT：ビザ許可書 ………………… 181

〔あ行〕

アウトプットVAT ……………… 136,137
移転価格文書 …………………… 107,108
印紙税 …………………………… 142
インプットVAT ………………… 136,137
延滞金 …………………………… 146,147
オムニバス法 …………………… 153

〔か行〕

開業準備費 ……………………… 85
会計監査人 ……………………… 56
会計期間 ………………………… 165
外国人労働許可証（RPRKA）…… 180
（会社の）解散 ………………… 26,62
開示制度 ………………………… 167
会社形態 ………………………… 49
確定申告 ………………………… 71,72
貸倒損失 ………………………… 83
過少資本税制 …………………… 98

株式 ……………………………… 50
株式譲渡 ………………………… 26,52
株主総会 …… 47,48,53,57,58,60,61,63
株主の権利 ……………………… 51
監査制度 ………………………… 168
関税 ……………………………… 138
関連者 …………………………… 106
規制業種 ………………………… 15
機能通貨 ………………………… 166
寄付金 …………………………… 87
キャピタルゲイン ……………… 76,101
居住者 …… 74,75,88,93,116,121,122,127
禁止業種 ………………………… 15
国別報告書 ……………………… 107,108
決算期変更 ……………………… 165
欠損金 …………………… 18,86,95,204
減価償却 ………………………… 79,204
減資 ……………………………… 61
建設権 …………………… 29,30,44,166
源泉徴収（制度）……………… 75,89,120
恒久的施設（PE）…… 74,75,118,156
交際費 …………………………… 87
厚生費 …………………………… 87
国際財務報告基準（IFRS）…… 161,165
コミサリス（会）…… 21,47,48,51,55, 58,168
雇用創出オムニバス法 ………… 45

〔さ行〕

最終分離課税（ファイナルタックス）
……………………… 70,78,89,90,93
最低株主数 ……………………… 49
最低資本金 ……………………… 15,17,49
最低授権資本金 ………………… 14

| | |
|---|---|
| 最低賃金 ･････････････････ 45,184 | 土地証書作成官 ･･････････････ 32 |
| 最低投資額 ･････････････････ 15,17 | 土地所有権 ･････････････････ 17,29 |
| 時間外手当 ･･････････････････ 184 | 土地に関する権利 ･･･････････ 29 |
| 事業権 ･････････････････････ 29,166 | 土地に関する権利の利用期間 ････ 30 |
| 事前確認制度 ･･･････････ 113,149 | 取締役（会） ･････ 47,48,51,55,56,58,59 |
| 資本取引 ･･････････････････････ 43 | 〔な行〕 |
| 社会保障制度（BPJS）･･･････ 176 | |
| 奢侈品販売税 ･･････････････ 139,204 | 年次株主総会 ･････････････････ 54 |
| 宗教祭日手当（THR）･･･････ 184 | 年次報告書 ･････････ 47,54,58,168 |
| 授権資本金 ･･････････････ 20,58,61 | 納税義務者 ････････････････････ 73 |
| ジョイントベンチャー ･･････ 25 | 納税者登録 ･･････････････････ 121 |
| 使用権 ･････････････････････ 29,166 | 納税者番号 ･･････････････････ 128 |
| 所得控除 ･･･････････････ 119,120,126 | 〔は行〕 |
| 新株発行費 ･･･････････････････ 85 | |
| 申告の添付資料（法人所得税）･･･ 73 | パイオニア産業 ･･････････ 19,95 |
| 清算 ･････････････････････ 26,54,62 | 配当（金）･･････････････ 58,60,88,95 |
| 税務調査 ････････････････････ 147 | 破産 ･･････････････････････････ 27 |
| 設立手続 ･･････････････････････ 20 | 払込資本（金）･･････････ 20,58,60,61 |
| 増資 ･･････････････････････････ 60 | 引受資本（金）････････････ 20,58 |
| 創立費 ･･･････････････････････ 84 | 非課税所得 ････････････ 76,119,120 |
| 組織再編 ･････････････････････ 62 | 引当金 ･････････････････････････ 82 |
| （日イ）租税条約 ････ 74,75,91,93,117, | 非居住者 ････ 74,75,89,93,116,117, |
| 　　　　　　　　　　155,158 | 　　　　　　　　　　119,127 |
| | 普通決議 ････････････････････ 54 |
| 〔た行〕 | 不動産取得税 ･･････････････ 144 |
| 代表取締役 ･･･････････････････ 55 | 文書化要件 ･･････････････････ 107 |
| 耐用年数 ･････････････････ 80,82 | 法人所得税率 ･･････････････ 69 |
| 短期滞在者 ･･････････ 118,119,157 | 法定準備金 ･･････････････････ 60 |
| 地方税 ････････････････････ 145 | 〔ま行〕 |
| 定款変更 ･････････････････････ 54 | |
| 定款記載事項 ･･････････････ 57,61 | マスターファイル ･･･････ 107,108 |
| 登記制度 ･････････････････････ 31 | みなし課税所得 ･･････････ 123 |
| 特別決議 ･････････････････ 54,61,63 | みなし配当 ･･････････････････ 111 |
| 土地・建物税 ･･･････････････ 143 | |

索引

〔や行〕

優遇税制 …………………… 94
優遇措置 ………………… 17, 95, 204
輸出関税 …………………… 138
輸出品目規制 ……………… 39
輸入関税 ………………… 94, 96, 138
輸入品目規制 ……………… 33
予定納税（予納）制度 ……… 71, 78

〔ら行〕

リース取引 ………………… 85

臨時株主総会 ……………… 54
ルピア使用義務 …………… 42
ルピアによる外貨購入規制 …… 42
ルピアの海外への持ち出し制限 …… 41
ルピアの国内への持ち込み制限 …… 41
連結納税 …………………… 97
労働組合 …………………… 173
労働法 ……………………… 174
ローカルファイル ……… 107, 108, 110

# [ 執筆者紹介 ]

**大橋　祐一**（おおはし　ゆういち）
国内上場企業で経理業務を経験したのち，2008年に新日本監査法人（現EY新日本有限責任監査法人）に入所後，製造業・商社を中心とする様々なグローバル企業の会計監査に従事。2018年10月よりEYインドネシアに駐在。日系企業担当として日系現地法人の会計・監査・税務その他コンサルティングのサービスの提供を行い，日系企業支援業務に従事。著書「海外子会社の内部統制評価実務」（共著）（同文舘出版株式会社）。公認会計士

**齋藤　隆一**（さいとう　りゅういち）
2005年に新日本アーンスト アンド ヤング税理士法人（現，EY税理士法人）に入所後，16年以上の国際税務（移転価格）の実務経験を有し，自動車・トラック，自動車部品，電子部品，建設機械，重電機，製薬，食品，化学，情報サービス，専門商社など幅広い業種業界に属するクライアントを担当し，二国間事前確認（APA），移転価格文書化，移転価格ポリシー作成等のサービスを提供。2014年3月から3度，EYインドネシアに出向し，ジャパンビジネスサービス（JBS）の税務担当として現地日系企業の移転価格をはじめとする税務アドバイザリー業務全般に従事するとともに，ジャカルタジャパンクラブ法人部会課税問題委員会の専門家メンバーも務めた。現在，EY税理士法人において，アセアン地域の移転価格を担当。税理士，米国公認会計士

**田甫吉識**（たんぽ　よしのり）
2001年に新日本監査法人（現，EY新日本有限責任監査法人）に入所後，建設業等の監査に従事。その後，外務省への出向を経て，2009年7月から2013年9月までSGV&Co（EYフィリピン）に駐在。日系企業担当として日系現地法人の会計・監査・税務・その他コンサルティング等に従事。帰任後は東南アジア，アフリカをはじめとした新興国進出支援業務に従事。公認会計士

**内藤　玄太郎**（ないとう　げんたろう）
2006年に新日本監査法人（現，EY新日本有限責任監査法人）に入所後自動車部品メーカー，エンターテインメント，機械製造など幅広い業種業界に属するクライアントの監査業務に従事。2014年6月から2018年5月まで，EYインドネシアにおいて駐在員として勤務。現地日系企業の会計，監査，税務のアドバイザリー業務に従事。日本に帰任後は財務会計アドバイザリー部門において主に東南アジアの買収後統合支援やIFRS導入支援，新会計基準対応等のサービスに従事している。ジャパンビジネスサービス（JBS）アシュアランス

デスク・インドネシア担当。公認会計士

## [　編集協力者　]

**瀬戸　亮介**（せと　りょうすけ）
EYインドネシアパートナー。2005年にBig4税理士法人に入所後、日本、中国、インドネシアにおいて移転価格を中心とした税務コンサルティング業務に従事。2012年からはインドネシアで数多くのAPA・相互協議（MAP）、税務調査・税務紛争、移転価格文書、税務アドバイザリー等のサービスを提供し、税務業務に関わるテクノロジーツールやDXにも精通。日尼の二国間APA第一号・二号合意案件及びその後の数多くのAPA/MAP案件等に携わり、インドネシア税務当局と良好な信頼関係を築く。ジャカルタジャパンクラブ（JJC）課税問題委員会の専門家委員として、日系企業へのインドネシア税制・税務に関する啓蒙活動、日系企業が抱える税務問題に係るインドネシア政府への意見具申等に携わる。

## [ オフィス ]

**EY新日本有限責任監査法人**
〒100-0006　東京都千代田区有楽町一丁目1番2号
東京ミッドタウン日比谷　日比谷三井タワー
TEL：03-3503-1100（代表）（海外企画室）　www.shinnihon.or.jp


**EY税理士法人**
〒100-0006　東京都千代田区有楽町一丁目1番2号
東京ミッドタウン日比谷　日比谷三井タワー
TEL：03-3506-2411（代表）　FAX：03-3506-2412　www.eytax.jp


**EYストラテジー・アンド・コンサルティング㈱**
〒100-0006　東京都千代田区有楽町一丁目1番2号
東京ミッドタウン日比谷　日比谷三井タワー
TEL：03-3503-3500（代表）　FAX：03-3503-2818
www.ey.com/ja_jp/strategy-transactions
www.ey.com/ja_jp/consulting


**EYインドネシア**
Indonesia stock exchange building Tower 2 14th floor
Jl. Jend. Sudirman Kav 52-53 12190 Indonesia
TEL：+62 21 5289 5000　https://www.ey.com/en_id
日本人担当者
瀬戸亮介
大橋祐一（EY新日本有限責任監査法人から出向）

EY | Building a better working world

EY新日本有限責任監査法人について
EY新日本有限責任監査法人は，EYの日本におけるメンバーファームであり，監査および保証業務を中心に，アドバイザリーサービスなどを提供しています。詳しくはshinnihon.or.jpをご覧ください。

EYについて
EYは，「Building a better working world（より良い社会の構築を目指して）」をパーパスとしています。クライアント，人々，そして社会のために長期的価値を創出し，資本市場における信頼の構築に貢献します。
150カ国以上に展開するEYのチームは，データとテクノロジーの実現により信頼を提供し，クライアントの成長，変革および事業を支援します。
アシュアランス，コンサルティング，法務，ストラテジー，税務およびトランザクションの全サービスを通して，世界が直面する複雑な問題に対し優れた課題提起（better question）をすることで，新たな解決策を導きます。
EYとは，アーンスト・アンド・ヤング・グローバル・リミテッドのグローバルネットワークであり，単体，もしくは複数のメンバーファームを指し，各メンバーファームは法的に独立した組織です。アーンスト・アンド・ヤング・グローバル・リミテッドは，英国の保証有限責任会社であり，顧客サービスは提供していません。EYによる個人情報の取得・利用の方法や，データ保護に関する法令により個人情報の主体が有する権利については，ey.com/privacyをご確認ください。EYのメンバーファームは，現地の法令により禁止されている場合，法務サービスを提供することはありません。EYについて詳しくは，ey.comをご覧ください。

本書は一般的な参考情報の提供のみを目的に作成されており，会計，税務およびその他の専門的なアドバイスを行うものではありません。EY新日本有限責任監査法人および他のEYメンバーファームは，皆様が本書を利用したことにより被ったいかなる損害についても，一切の責任を負いません。具体的なアドバイスが必要な場合は，個別に専門家にご相談ください。

ey.com/ja_jp

編者との契約により検印省略

| | | 海外進出の実務シリーズ |
|---|---|---|
| 平成27年5月10日 | 初版第1刷発行 | インドネシアの |
| 令和4年1月10日 | 第2版第1刷発行 | 会計・税務・法務Q&A |
| | | 〔第2版〕 |

編　　者　　EY新日本有限責任監査法人
発 行 者　　大　坪　克　行
製 版 所　　美研プリンティング株式会社
印 刷 所　　税経印刷株式会社
製 本 所　　牧製本印刷株式会社

発行所　〒161-0033　東京都新宿区　　株式　税務経理協会
　　　　下落合2丁目5番13号　　　　　会社
　　　振　替　00190-2-187408　　　電話　(03)3953-3301（編集部）
　　　Ｆ Ａ Ｘ　(03)3565-3391　　　　　　(03)3953-3325（営業部）
　　　　　URL　http://www.zeikei.co.jp/
　　　　乱丁・落丁の場合は、お取替えいたします。

© 2022 Ernst & Young ShinNihon LLC.　　　　　　Printed in Japan
All Rights Reserved.
ED None

本書の無断複製は著作権法上での例外を除き禁じられています。複製される場合は、そのつど事前に、出版者著作権管理機構（電話 03-5244-5088、FAX 03-5244-5089、e-mail：info@jcopy.or.jp）の許諾を得てください。

JCOPY　＜出版者著作権管理機構　委託出版物＞

ISBN978-4-419-06804-2　C3034